도표로 읽는
불교입문

도표로 읽는

글 이자랑·이필원 | 그림 배종훈

불교입문

붓다의 생애와 가르침,
불교사가 한 눈에 쏙쏙 들어오는
불교입문서

민족사

지금으로부터 2,600여 년 전에 인도에서 발생한 불교는 어떻게 시작하여 어떤 과정을 거치며 발전해 갔을까?

이 책은 이 질문에 가능한 한 간결하면서도 이해하기 쉽게 설명해서 불교에 처음 입문한 분들이나 비록 입문한 지는 오래 되었어도 본격적인 공부를 하지 않은 분들에게 도움이 되었으면 하는 바람을 가지고 집필하였다.

붓다의 생애를 시작으로 인도에서 불교가 거의 사라질 때까지의 인도불교의 긴 역사를 도표와 함께 100여 개 이상의 소제목 아래 체계적으로 담아 놓았다. 두 명이 공동 작업을 한 덕분에 교리와 교단사 양쪽을 모두 적절하게 고려하여 서술할 수 있었다는 점 역시 이 책이 지니는 또 하나의 특징이라 할 수 있다.

이 책은 총 5장으로 구성되어 있다.

제1장에서는 붓다의 생애를 다루었다. 사꺄 족의 왕자로 태어난 고따마 싯닷따의 출가와 성도, 전도, 열반 등 80여 년에 걸친 붓다의 삶을 보여주는 한편, 초기에 불교 교단이 형성되어 가는 과정에서 주목할 만한 몇몇 사건도 포함하여 서술하였다.

제2장에서는 붓다의 가르침을 소개하였다. 중도, 8정도, 4성제 등과 같은 불교의 핵심 교리를 비롯하여, 아라한이라는 최고 성자의 위치에 오르기까지 필요한 불교 수행의 이론적 토대가 되는 가르침을 두루 망라하여 기술하였다.

제3장은 불교교단의 성립과 발전에 대해 밝혀 놓았다. 붓다의 열반 후, 불교교단은 분열을 거듭하며 부파로 발전해 갔다. 갠지스 강 주변을 중심으로 번창하던 불교교단은 특히 아소까 왕 시대를 기점으로 인도 및 주변국가로 그 세력을 확장해 가게 된다. 3장에서는 이러한 과정을 이해하기 쉽게 서술하였다.

제4장에서는 대승불교의 탄생과 발전에 대해 다루었다. 기원전후, 보살이라는 새로운 인간상을 제시하며 대승불교도는 방대한 경전을 제작하였다. 인도불교사에 중요한 한 획을 그었던 대승불교의 탄생과 그 의미, 그리고 구체적인 내용에 대해 기술하였다.

제5장은 불교교단의 생활에 대해 서술하였다. 교단을 구성하는 출·재가자가 일상적으로 지켜야 할 규범에 대한 소개 및 출가자의 의식주 생활과 의사결정 방법을 다루었다. 이를 통해 그 당시 인도의 다른 공동체와 구별되는, 즉 불교공동체가 갖는 주요한 몇 가지 특징을 파악할 수 있을 것이다.

불교의 발상지가 인도라는 점을 고려할 때, 인도불교에 대한 이해는 '불교'를 이해하기 위한 기초 작업이라고 할 수 있다. 인도불교에 대한 이해가 올바르고 정확할 때, 지금 우리 앞에 놓인 한국불교에 대한 이해도 깊어질 것이다. 이 책을 통해 많은 사람들이 인도불교의 전체상을 이해하고, 이를 기반으로 보다 깊이 있는 불교 이해로 나아가게 되기를 바란다.

이 책의 출판을 제안해 주신 민족사 윤창화 사장님, 편집을 맡아주신 사기순 주간님, 그리고 한 눈에 내용 전달이 되도록 요점을 파악하여 그림을 그려주신 배종훈 선생님, 까다로운 작업을 꼼꼼히 해 주신 남미영 디자이너님에게 깊이 감사드린다.

2016년 6월
이자랑·이필원

세상이 복잡하고, 빠르게 변화할수록 '느리고 불편한 풍요로움'을 찾는 사람들은 상대적으로 더욱 늘어갑니다. 그러한 시대에 불교는 종교적인 측면을 넘어 마음이 행복하고 풍족해지는 삶의 길을 제시하고 있습니다. 그리고 어쩌면 우리에겐 오래 전부터 심리적 유전자로 불교, 붓다의 가르침이 가슴을 가득 채우고 있을지 모릅니다.

그러한 면에서 우리의 삶은 자주 산을 오르는 일에 비유합니다. 물론 사람마다 산의 높이도 다르고 오르는 길도 다르고 만나는 사람도 다르겠지요. 어떤 이는 매우 험하고 높은 산을 변변한 장비도 없이 오르기도 할 것이고 누군가는 잘 정비된 등산로를 따라 오르기도 합니다. 또 누군가는 깎아지른 절벽을 외줄 하나에 의지해 오르고 어떤 이는 중도에 포기하고 내려오기도 합니다. 저마다의 출발선에서 등산을 하는 것이지요.

또 같은 산을 오르는 이도 있습니다. 서로 같은 길을 가기도 하고 잠시 헤어져 다른 길을 걷다가 다시 만나기도 합니다. 누군가는 휴게소에 들러 잠시 쉬어가고 또 누구는 서둘러 앞서 갑니다. 어떤 이와는 함께 도와가며 오르고 때론 서로 앞서가기 위해 싸우기도 합니다.

그런데 이토록 힘들게 오랜 시간 오른 산 정상은 어디일까요? 그곳에 행복이 있을까요? 서글프지만 정상은 죽음입니다. 우리 삶의 종착은 어찌됐건 죽음입니다. 그럼 "언제 죽을지 모르는 이 고통의 삶을 무엇 하러 고생하여 일하고 살아갑니까?" 하고 누군가 묻습니다.

그러나 우린 죽기 위해 살진 않습니다. 그 끝이 죽음이라는 것은 사유의 순간에만 인식될 뿐입니다. 내일은 확신할 수 없습니다. 그러기에 오늘 우리가 이렇게 즐겁게 살지요. 주어진 현재에 충실하고 이 순간에 행복하기 위해 열심히 사는 것입니다. 불교에 대한 공부, 수행은 바로 지금을 행복하게 살기 위한 방법을 깨우치는 것입니다.

처음 붓다의 탄생부터 수행과 교화, 열반의 이야기를 도표와 그림으로 담아내는 작업을 받아들고는 막막한 기분이 들기도 했습니다. 하지만 일을 시작하면서 먼저 느낀 것은 내가 불교 관련 그림을 10여 년을 그려 오면서 제대로 모르고 있었던 것이 참 많았구나 하는 반성이었습니다. 그래서 누구나 쉽게 한눈으로 살펴볼 수 있는 불교 이야기를 만드는 데 작은 노력이라도 보태야겠다는 생각을 했습니다. 오랜 시간 준비한 만큼 많은 분들께 도움이 될 수 있길 바랍니다.

2016년 6월
배종훈

2장 붓다의 가르침

3장 불교교단의 성립과 발전

4장 대승불교의 탄생과 발전

5장 불교교단의 생활

제 1 장
붓다의 생애

"왕위에 오르면
전 세계를 통치할
전륜성왕이 될 것이며
출가하신다면
최고의 깨달음을 얻어
인류의 스승 붓다가
되실 것입니다."

불교 탄생 무렵의 인도 사회

인도 문화는 기원전 3000년경 드라비다 인(원주민)들로부터 시작되었다. 하지만 본격적인 문화 형성은 산스끄리뜨 어(梵語)를 사용하는 아리아인들이 인도에 들어와 정착한 기원전 1500년경부터이다. 이후 기원전 6세기까지 아리아인들은 '베다(Veda) 문명'이라는 독특한 문화를 발전시켰다. 베다 문명은 주로 신들에 대한 찬양과 제사 행위를 중심으로 형성되었다. 또한 이 시기에 최상위에 사제인 바라문 계급을 정점에 놓고, 무사계급(끄샤뜨리야), 상인과 농민계급(바이샤), 그리고 노예 계급(수드라)으로 구분한 사성(四姓)계급 제도가 확립되었다.

그런데 기원전 6세기 무렵에 이르러 바라문 중심의 베다 문명에 반발하는 새로운 사상운동이 등장했다. 이러한 사상운동의 주역을 '사문(沙門, 슈라마나)' 혹은 '자유사상가'라고 한다. 불교 경전에서는 당시 활약하고 있던 유력한 사상가들을 비판적으로 소개하고 있는데, 이들을 총칭해서 6사외도(六師外道, 여섯 명의 외도의 스승들)라고 한다. 또한 다양한 철학적 주장들을 62견(見), 즉 예순두 가지의 견해로 정리하고 있다. 이 시기에 베다의 사상을 발전시킨 우빠니샤드(Upaniṣad) 철학도 등장하게 된다.

한편 정치 경제적으로는 왕권이 바라문을 압도하기 시작하고, 장자(長者)라고 하는 거대 부호들이 등장하는 격변의 시기이기도 하였다. '장자'라고 하는 새로운 계층은 기존의 바라문교(훗날 힌두교)를 거부하고, 자신들의 사회적 지위를 강화해 주는 불교와 같은 신흥종교를 전폭적으로 지지하였다. 왕들 역시 바라문교 및 바라문 중심의 사회를 왕권 중심의 사회로 바꾸고자 하는 열망으로 신흥종교를 적극 후원하던 시기였다. 이러한 정치·경제·사상적 배경은 인도의 기원전 6세기를 인류 역사상 가장 활기찬 정신문명의 시기로 만들었다. 이러한 시기에 고따마 붓다의 가르침 곧 불교가 탄생했다.

불교의 탄생

꾸루국

간다라국

중국

꼬살라국

네팔

룸비니 ★

꾸사나가라

사르나트

보드가야 ★

마가다국

인도

드라비다 인 인도의 원주민. 얼굴색은 검고 체구는 작은 편이다. 주로 남부지역에 많이 거주한다.

산스끄리뜨 어(梵語) 인도이란어족에 속하며, 기원전 4세기경 빠니니(Pāṇini)가 베딕산스끄리뜨(vedic sanskrit)의 문법을 정리하여 만든 언어이다. 고대 인도의 문학이나 불교의 대승경전은 이 언어로 기록되어 있다.

아리아 인 백색 계통의 인도유럽인. 원래 선사 시대에는 중앙아시아에서 살다가 신석기 시대를 거치면서 일부가 인도 서북부의 인더스 강 유역에 정착하게 된다. 이후 갠지스 강 유역으로 진출하여 인도 원주민과 융화되면서 오늘날 인도 문화의 특징을 이루게 된다. 원주민을 정복했다고 하는 아리아 인 침략설은 식민사관으로 현재는 많은 학자들에게 비판받는 설이다. 한편 일부는 이란에 이주하여 지금의 이란인이 되었고, 일부는 유럽에 이르러 그리스 인, 로마 인, 게르만 인이 되어 현재 유럽인의 조상이 되었다.

베다 문명 고대 인도의 문명. 아리아 인이 기원 전 10세기 경 인더스 강(江) 상류지방에 정착하면서 형성한 고대문명. 기원 전 6세기경에 바라문교로 변모하면서 고도의 철학적 사유를 발전시켰다. 그들은 바라문 계급을 최상위에 놓고, 무사 계급(끄샤뜨리야), 상인과 농민 계급(바이샤), 그리고 노예 계급(수드라)이라고 하는 사성(四姓) 계급의 사회질서를 확립하였다. 베다에는 『리그베다』, 『사마베다』, 『야쥬르베다』, 『아타르바베다』 등 모두 4가지 베다가 있다. 베다는 바라문교의 성전으로 주로 신에게 바치는 찬가와 제식(祭式), 주문(呪文) 등을 모은 문헌이다.

붓다의 탄생

기원전 6~5세기, 지금의 네팔 곧 히말라야 산 중턱에 까삘라왓투(Kapilavatthu, 가비라 국)라고 하는 한 나라가 있었다.

까삘라왓투는 태양족의 후예인 사꺄(Sakya, 석가) 족의 나라로, 당시 강력한 왕국 가운데 하나였던 꼬살라(Kosala) 국의 속국이었다. 이 나라는 '고따마'라고 하는 성을 지닌 숫도다나(Suddhodana, 정반왕) 왕이 통치하고 있었고, 왕에게는 아름다운 마야(Māyā) 왕비가 있었다. 마야 왕비는 꼴리야 족으로 데와다하 지방의 명문가에서 태어났다.

마야 왕비는 어느 날 밤 여섯 개의 상아를 지닌 흰 코끼리가 몸속으로 들어오는 꿈을 꾸고 아기를 잉태했다고 한다. 그리고 아기를 낳을 때가 다가오자, 당시 관습에 따라 친정이 있는 데와다하로 떠나게 되었다. 도중에 룸비니(Lumbinī)라고 하는 동산에 도착했을 무렵, 통증이 왔다. 왕비는 곧 큰 고통 없이 남자아이를 낳았다.

왕자의 탄생에 숫도다나 왕은 크게 기뻐하며 아이의 이름을 '싯닷따(Siddhatta)'라고 지었다. 싯닷따란 '모든 것을 성취한 자'라는 의미이다. 하지만 기쁨도 잠시 왕비는 출산의 후유증으로 일주일 만에 세상을 떠났다. 이후 이모이자 양모인 마하빠자빠띠(Mahāpajāpatī)가 싯닷따를 길렀다.

한편 숫도다나 왕은 왕자의 미래를 점치고자 예언자 아시따(Asita)를 불렀다. 아시따는 왕자를 보고 "왕자께서는 왕위에 오르면 무력을 사용하지 않고 전 세계를 통치할 전륜성왕이 되실 것이며, 출가하신다면 최고의 깨달음을 얻어 인류의 스승, 붓다가 되실 것입니다"라고 예언했고, 이 말을 들은 사꺄 족은 크게 기뻐하였다.

붓다의 탄생

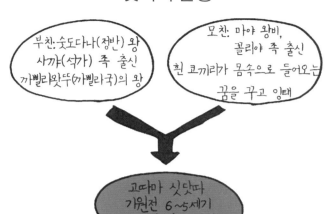

부친: 숫도다나(정반) 왕
사까(석가) 족 출신
까삘라왓뚜(까삘라국)의 왕

모친: 마야 왕비,
꼴리야 족 출신
흰 코끼리가 몸속으로 들어오는
꿈을 꾸고 잉태

고따마 싯닷따
기원전 6~5세기
사까족의 왕자로 탄생

싯닷따란 '모든 것을 성취한 자'라는 뜻
참고: 훗날 이름 그대로 되었다는 사실

탄생지 룸비니

인도의 풍습대로 태자를 낳기
위하여 친정으로 가는 도중 룸비니
동산에서 오른쪽 옆구리로 순산

부친 숫도다나 왕, 아시따(예언자)를 불러
왕자의 미래를 묻다.

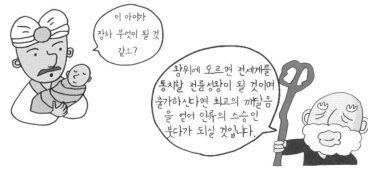

이 아이가
장차 무엇이 될 것
같소?

왕위에 오르면 전세계를
통치할 전륜성왕이 될 것이며
출가하신다면 최고의 깨달음
을 얻어 인류의 스승인
붓다가 되실 것입니다.

고따마(Gotama) '소(go) 가운데 최상(uttama)인 자'라는 의미. 소는 진리를 의미하기도 함. 따라서 최상의 진리를 깨달은 자라는 의미도 되고, 당시 농경사회에서 가장 귀한 존재가 소였기에, 사회상을 반영하고 있는 이름이기도 하다.

룸비니(Lumbinī) 불교의 4대 성지 가운데 하나. 붓다의 탄생지.

아시따(Asita) 숫도다나 왕의 아버지를 모셨다가 후에 출가하여, 다섯 가지 신통을 얻은 선인으로 알려져 있다. 싯닷따 태자의 모습을 보고 장차 붓다가 되실 것이라고 예언한 인물이다. 전하는 바에 따르면, 자신의 조카 나라까(Nālaka)를 출가시켜 붓다의 출현을 기다리게 했다고 한다.

전륜성왕(轉輪聖王) 가장 이상적인 통치자. 빨리어로는 짜까와띠 라자(cakkavatti-rājā)라고 한다. 진리의 수레바퀴를 굴리는 통치자로, 무력을 사용하지 않고 세상을 통치하는 왕을 일컫는다. 주로 불교경전에서 붓다와 여러 가지 면에서 비견되는 덕과 지혜를 갖춘 통치자이다. 전륜성왕 역시 32상을 갖추고 있다. 전륜성왕에게는 칠보(七寶)가 있다고 한다. 1. 윤보(輪寶) 2. 상보(象寶) 3. 마보(馬寶) 4. 주보(珠寶) 5. 여보(女寶) 6. 거사보(居士寶) 7. 주병신보(主兵臣寶, 將軍寶라고도 함). 일곱 가지 보배는 통치하는 데 필요한 것이며, 전륜성왕의 덕을 나타내는 것이기도 하다.

네 곳의 모습[四門遊觀]과 출가

숫도다나 왕은 왕자가 소년기를 지나 청년기에 접어들자 불안해 했다. 출가할
수도 있다는 아시따의 예언이 마음에 걸렸다. 그래서 애초부터 싯닷따가 출가할
생각을 품지 않도록 온갖 배려를 아끼지 않았다. 왕은 계절에 따라 지낼 수 있는
세 개의 궁전을 지어주고, 아름다운 여인들로 하여금 왕자의 시중을 들게 하였
다. 그렇게 해서라도 왕자의 마음을 붙잡고자 한 것이다. 또한 꼴리야 족의 명문
가문 출신인 야소다라(Yasodharā)와 결혼시켰다.

궁전에서 호화롭게 살던 싯닷따는 어느 날, 처음으로 마부와 단둘이 성 밖으
로 나들이를 했다. 싯닷따는 먼저 동쪽 성문으로 나갔는데 그곳에서 하얀 머리
에 지팡이를 짚고, 허리가 구부정한 노인을 보게 되었다. 싯닷따는 적지 않은 충
격을 받았다. 그동안 노인을 보기는 했어도 궁궐 안에서는 지팡이를 짚고 허리
가 구부정한 그런 노인은 볼 수 없었기 때문이었다.

다음날엔 남쪽 성문 밖으로 나들이를 나갔는데 병에 신음하며 괴로워하는 사
람을 보게 되었다. 또 서쪽 성문을 나가서는 죽은 사람을 메고 가는 장례 행렬을
보게 되었는데, 전에 궁궐 안에서 보았던 것보다 더욱 강한 슬픔이 밀려 왔다.
이 세 장면을 목격한 고따마는 그 누구도 늙고 병들고 죽는 것으로부터 예외일
수 없다는 사실을 알게 되었다. 젊음과 쾌락이란 늙음, 병듦, 그리고 죽음 앞에
서 여지없이 파괴되고 마는 덧없는 것임을 뼈저리게 느꼈다. 싯닷따는 이제 궁
전의 화려하고 사치스러운 삶이 더 이상 즐겁지 않았다. 그리하여 점점 홀로 명
상에 잠기는 시간이 늘어갔다. 이를 안 부친 숫도다나 왕의 근심도 커져만 갔다.

그런데 어느날 북쪽 성문을 나선 싯닷따는 그곳에서 한 수행자를 만났다. 그는
비록 모습은 초췌했지만 맑고 강인한 눈빛에 평온한 얼굴을 하고 있었다. 싯닷
따는 자신도 모르게 수행자에게 다가가, "당신은 누구십니까?"라고 물었다. 수
행자는 "저는 태어남과 죽음에서 벗어나 해탈하고자 하는 출가사문입니다. 저는

고따마 싯닷따의 가족 구성원

숫도다나 왕
(고따마 싯닷따의
출가를 막기 위해
온갖 배려를 함)

마야 부인(고따마 싯닷따를 낳은 지
일주일 만에 사망)

마하빠자빠띠(양모 - 고따마 싯닷따
를 깊은 사랑으로 기르고 훗날 숫도다나
왕이 죽은 뒤 최초의 비구나가 됨.)

야소다라(Yasodharā) 명예(yaso)
를 지닌(dhara) 여인이라는 뜻.
라홀라의 친모이자 싯닷따 태자
의 부인.

고따마 싯닷따
(존귀한 왕족 출신, 뛰어난 재능과 품성을 지님)

야소다라
(최고의 명문 가문 출신 미스 인다아진)

아들 라훌라 탄생
훗날 출가하여 부처님 제자가 됨

늙음과 죽음이 없는 경지를 구하고 있습니다"라고 대답했다. 이 말을 들은 싯닷따의 마음속에는 큰 희망이 솟아났다. 드디어 싯닷따는 자신이 걸어가야 할 길을 발견했다. 그것은 바로 출가하여 사문이 되는 것이었다.

싯닷따 왕자는 사문유관(四門遊觀, 늙음·병듦·죽음·사문)의 일화에서도 알 수 있듯이, 북문 밖에서 사문을 만난 뒤에 출가하고자 결심했다. 그런데 출가할 무렵 아들이 태어났다. 아들의 이름을 라훌라(Rāhula)라고 하게 된 과정을 경전에서는 이렇게 전하고 있다. 출가를 결심한 싯닷따가 어느 날 라훌라의 출산 소식을 듣고는 "아아! 장애(라훌라)가 생겼구나. 속박이 생겼구나"라고 말했는데, 이 말을 전해들은 숫도다나 왕이 라훌라라는 이름을 붙이게 했다고 한다.

싯닷따는 마침내 잠든 야소다라와 아들 라훌라를 뒤로 하고, 동이 트는 새벽 무렵 마부 찬나를 깨워 애마(愛馬, 애마의 이름은 깐타까)를 타고 성문을 나섰다. 아노마 강에 이르자 몸에 걸치고 있던 옷과 보석 장신구 등 가지고 있던 것을 모두 마부 찬나에게 건네주고 성으로 돌려보냈다. 싯닷따는 출가하여 사문의 길로 들어선 것이다.

이러한 싯닷따의 출가는 당시 사회상을 고려한다면 결코 쉬운 일이 아니다. 당시 인도사회에서 상위 카스트(특히 바라문 계급)에게는 일종의 생활패턴이 정해져 있었다. 그것은 아쉬라마(āśrama), 즉 인생의 네 주기[四週期]로서 학생기(學生期)·가주기(家住期)·임서기(林棲期)·유행기(遊行期)가 그것이다.

학생기는 부모 곁을 떠나 스승에게 다양한 학문을 배우는 단계이며, 가주기는 결혼하여 가장으로서 가정생활을 영위하며 신들에게 제사를 올리며 생활하는 단계이고, 임서기는 가주기의 의무를 마치고 한적한 숲에 거주하면서 베다를 공부하고 종교의식을 행하며, 금욕생활을 하는 단계이다. 그리고 유행기는 모든 것을 자식에게 맡기고 일정한 거처 없이 홀로 다니면서 브라흐만을 명상하고 죽음을 준비하는 시기이다. 이러한 전통에 따르면, 출가는 가주기를 마친 뒤 곧 40세가 넘어야 가능하다. 하지만 싯닷따는 이러한 관습적 전통을 따르지 않고, 아들 라훌라가 태어나자마자 출가를 결행했던 것이다. 이런 측면에서 싯닷따의 출가는 기존의 바라문교적 전통을 거부했다는 의미를 갖는다.

세 곳에서 무상을 느끼고 출가하다

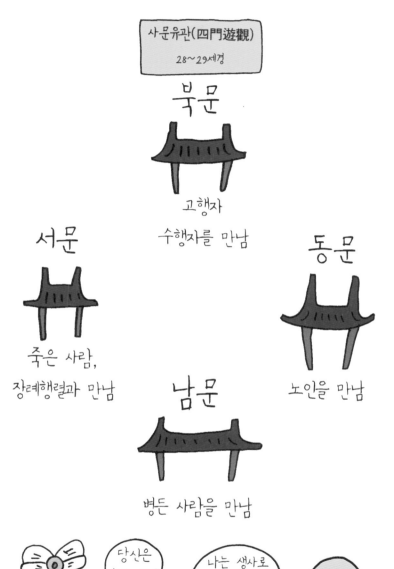

사문유관(四門遊觀)
28〜29세경

북문
고행자
수행자를 만남

서문
죽은 사람,
장례행렬과 만남

남문
병든 사람을 만남

동문
노인을 만남

당신은
누구시오?

나는 생사로
부터 해탈하고자
하는 출가사문
입니다.

사문(沙門) 사마나(Pāli. samaṇa, Sk. śramaṇa)의 음사어. 원래는 베다적 세계관에 근거하는 바라문교에 반대하는 '자유사상가'를 의미한다. 사문의 전통에는 불교를 비롯하여 자이나교 등의 종교전통이 포함된다. 당시 6사외도 역시 사문전통에 속한다. 좁은 의미로는 불교의 수행자를 의미하기도 한다.

사문유관(四門遊觀) 싯닷따 태자가 성의 사대문을 나가 고통에 찬 세상을 목격한 것을 일컫는 말. 그 가운데 북쪽 성문을 나가 출가자를 보고, 출가를 결심하게 됨.

빔비사라 왕과의 만남

마가다 국(수도 라자가하)의 빔비사라(Bimbisāra) 왕이 어느 날 궁전의 높은 누각에서 길을 걷고 있는 수많은 사람들을 바라보다가 유독 눈에 띈 이가 있었다. 시종들에게 명했다.

"저 사람을 보아라. 아름답고 건장하며 청정하고, 걸음걸이도 우아하고, 앞만 보고 걷고 있구나. 눈을 아래로 뜨고 확고한 자세로 걷고 있다. 저 수행자가 어디로 가는지 알아보아라"

그는 다름 아닌 출가 수행자 고따마 싯닷따였다. 빔비사라 왕의 눈에 비친 고따마 싯닷따는 지혜와 남성미를 갖춘 매우 고귀한 인상이었다. 당시 북인도는 16대국이 서로 패권을 다투고 있던 시기였다. 그 중에서도 가장 강대한 나라가 마가다 국과 꼬살라 국이었다. 그래서 빔비사라 왕에게는 누구보다 뛰어난 인재가 절실히 필요했다. 왕은 싯닷따에게 함께 나라를 경영해 보지 않겠느냐고 제안했다. 하지만 싯닷따는 자신은 감각적 욕망이 지닌 재난에서 벗어나고자 출가 정진한다는 말로 왕의 제안을 정중히 거절했다. 당시 빔비사라 왕은 24세의 젊은 나이로 싯닷따보다 다섯 살 연하였다.

빔비사라 왕은 싯닷따의 결연한 의지에 감복하며, 훗날 깨달은 이가 되면 자신을 먼저 찾아줄 것을 당부하며 헤어짐을 아쉬워하였다. 그로부터 6년 뒤, 수행자 싯닷따는 깨달음을 얻어(35세 때) 붓다가 되었고, 라자가하에서 빔비사라 왕과 재회했다. 왕은 붓다의 설법을 듣고 깊이 감동하여 그 자리에서 우바새로 귀의했다.

빔비사라 왕은 그 뒤 37년 동안 붓다의 든든한 후원자가 되었다. 붓다는 빔비사라 왕의 정신적 스승이자 의지처였다. 왕의 제안으로 승가에 포살과 안거가 도입되었을 만큼, 붓다와 왕의 신뢰 관계는 매우 도타웠다.

마가다 국 빔비사라 왕과의 만남

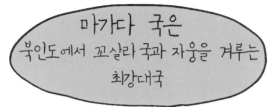

빔비사라 왕
당시 24세
부처님보다 5세 연하

나와 함께
이 나라를 다스려
보면 어떻겠습니까?

고따마 싯닷따
당시 29세

저는 깨달음을
추구하고 있는 수행자
입니다. 그 외엔 어느
것에도 마음이 없습
니다.

우바새 빨리어 우빠사까(upāsaka)
의 음사어. 남자 재가신자를 말한다.

포살 빨리어 우뽀사타(uposatha)
의 음사어. 매월 15일과 30일, 일정
한 지역에 있는 스님들이 모여 계경
(戒經)을 읊으면서 스스로의 죄를
대중에게 고백하고 참회하는 의식
을 말한다. 포살에 대한 규정은 율장
(Vinayapiṭaka) 중「포살건도」에 기
록되어 있다.

안거 빨리어 왓사(vassa)의 번역
어. vassa는 원래 '비, 우기(雨期)'라
는 의미이다. 비가 많이 내리는 시기
에 한 곳의 승원에 머물면서 수행에
전념하는 것을 가리킨다. 달리 우안
거(雨安居)라고도 한다. 한국에서는
겨울에도 안거를 하기에 동안거(冬
安居)가 있고, 여름에 하는 것을 하
안거(夏安居)라고 한다. 하지만 인
도에는 일 년에 한 번, 우기에 하는
우안거만 있다.

고행 수행

붓다 당시 인도 종교 및 사회는 고행을 하는 수행자들이 주류를 이루고 있었다. 극심한 육체적 고통을 견뎌냄으로써 해탈을 성취할 수 있다고 믿는 풍토가 만연하고 있었던 것이다. 그래서 붓다 역시 처음에는 뱃가죽이 등에 붙을 정도로 극심한 고행을 했다.

경전에 따르면, 고따마 싯닷따는 당시에 유행하던 모든 종류의 고행을 거의 다 했다고 전한다. 고따마 싯닷따의 철저한 고행에 감복한 이들이 고행림에서 수행하고 있던 다섯 수행자로, 이들은 그 후에 붓다의 최초의 제자가 된다.

수행자 고따마 싯닷따가 주로 실천한 고행은 극단적인 단식과 호흡을 멈추는 수행이었다. 이것은 당시 자이나(Jaina)교 수행자들이나 아지위까(Ājīvika, 사명외도) 수행자들 사이에 널리 유행하던 수행이었다. 경전의 기록에 따르면, 고따마 싯닷따는 하루에 한 움큼 정도의 콩, 야생 완두콩으로 된 수프를 먹거나 대추와 깨, 쌀을 한 톨씩 먹으면서 고행했다고 한다.

고따마 싯닷따는 당시 수행자들 사이에서 공통으로 통용되던 핵심적인 수행을 모두 실천해 보았음을 말해 준다. 하지만 고따마 싯닷따는 이러한 수행을 통해서 원하는 바를 얻지 못하였고, 결국 고행을 그만두었다.

고행을 단념한 고따마 싯닷따는 네란자라 강에서 몸을 씻고, 수자따라는 마을 처녀의 우유죽 공양을 받았다. 충분한 휴식을 취하고 기력을 회복한 뒤, 자신의 수행을 면밀히 되돌아보았다. 그리고 육체를 괴롭히는 고행을 통해서는 실제 마음의 평온을 얻을 수 없다는 결론을 내리고, 정신 내부에서 일어나는 다양한 욕구들의 원인을 파악하고 제어하는 방식으로 수행방법을 바꾸었다. 하지만 이를 지켜본 다섯 수행자들은 고따마 싯닷따를 '타락했다'고 비난하며 떠나갔다.

고행으로는 깨달을 수 없다

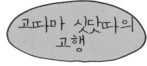
고따마 싯닷따의 고행

⬇

단식, 금식 등 갖가지 극단적인 방법으로 고행. 그 당시의 여러 종교 수행자들처럼 극심한 육체적 고통을 감내함으로써 해탈을 성취할 수 있다고 믿음

⬇ 고행포기

극심한 고행을 실천한 결과 마음의 평온을 얻을 수 없다고 판단, 고행 포기

너희들이 뛰어 봐야 벌 수 있나! 부처님 손바닥 안이지!

⬇

마을 처녀 수자따의 우유죽 공양을 받고 기력 회복. 제정신을 차림

다섯 수행자 ⬇ 고따마 싯닷따를 비난

같이 고행하던 다섯 수행자는 싯닷따가 고행을 포기하자 반하하면서 결별 선언

고따마는 타락했다.

우리 이제 당신과 함께 있지 않을 거야.

그래, 너희들 마음대로 해라.

그들은 나중에 싯닷따가 깨달음을 성취한 이후 첫 번째 제자들이 되었다.

다섯 수행자 한역에서는 오비구(五比丘)라고 한다. 꼰단냐(Koṇḍañña, 교진여), 왑빠(Vappa, 발파), 앗사지(Assaji, 마승), 밧디야(Bhaddiya, 발제), 마하나마(Mahānāma, 대명)의 다섯 수행자를 일컫는다.

단식과 호흡을 멈추는 수행 단식과 호흡이 없는 수행은 자이나교와 아지위까(Ājīvika)와 같은 고행주의 전통에서 널리 통용되는 수행으로 알려져 있다. 경전에는 "나는 입과 코와 귀를 통해 들숨과 날숨을 멈추었다", "나는 아주 적은 양의 음식을, 각각 한 움큼 분량의 콩 수프나 야생 완두콩 수프나 이집트 콩 수프나 땅콩 수프를 먹었다"라고 기술되어 있다. 혹은 하루에 대추와 깨, 쌀을 한 알씩 먹었다는 기록(불소행찬)도 있다.

아지위까(Ājīvika) 한역으로는 사명외도(邪命外道)라고 한다. 6사외도 가운데, 막칼리 고살라(Makkhali Gosāla)의 가르침을 따르는 자들을 말한다. 이들은 결정론자이자 숙명론자이며, 무인론자(無因論者)이다. 말하자면 인과법칙을 부정하며, 자유의지도 부정하는 자들을 말한다.

악마와 고따마 붓다

악마는 붓다가 깨달음을 이루지 못하도록 방해하는 역할을 맡은 존재다. 마라(Māra)라고도 하며, '파괴자', '죽음을 초래하는 자' 등을 뜻하는데, 기독교적 악마와는 그 성격이 다르다. 초기경전에 나타나는 악마로는 나무치, 빠삐마, 안따까 등이 있다. 빨리 니까야 가운데 『상윳따 니까야(Saṃyutta Nikāya)』에는 『마라 상윳따(Māra-saṃyutta, 악마와의 대화)』가 독립된 하나의 장(章)으로 구성되어 있을 만큼 경전에 자주 등장한다.

초기불전에서 악마는 붓다가 수행자였을 때부터 줄곧 수행을 방해하는 존재로 나타나며, 붓다가 된 후에도 끊임없이 괴롭힌다. 그리고 만년에는 열반에 들 것을 재촉하는 존재로 묘사되고 있다. 악마는 무시무시한 모습으로 위협하거나 악의 상징으로 표현되고 있지만, 사실은 붓다의 마음속 갈등이나 유혹 등을 형상화한 것이다.

악마는 수행자 고따마에게 고행을 하다 보면 곧 죽게 될 것이므로, 고행을 포기하고 살 것을 권유하는가 하면, 전륜성왕이 되어 세상의 지배자가 될 수 있도록 돕겠다는 약속도 한다. 때로는 소유와 욕망의 기쁨을 속삭이기도 한다. 정각 후에는 바로 열반에 들 것을 청하기도 하고, 설법을 그만두라고도 한다.

악마에게는 땅하(taṇhā, 욕망), 아라띠(arati, 증오), 라가(rāga, 탐욕)라고 하는 세 딸이 있으며, 또 수하의 군대(軍隊)로 권태와 수면, 공포, 의혹, 위선, 고집 등이 있다. 따라서 악마는 바로 자신의 마음속에 있는 것들이다.

또한 악마는 열반의 반대 의미이기도 하다. 초기경전에서 악마는 마음에 조금이라도 빈틈이 보이면 그 빈틈을 비집고 들어와 혼란을 부추기고 의욕을 떨어뜨리며 욕망을 즐길 것을 유혹하는, 포기할 줄 모르는 번뇌의 우두머리로 묘사되고 있으며, 수행자 고따마는 바로 이런 악마를 정복한 뒤에 비로소 승리자(jina)인 붓다가 되었다.

악마와 붓다의 싸움

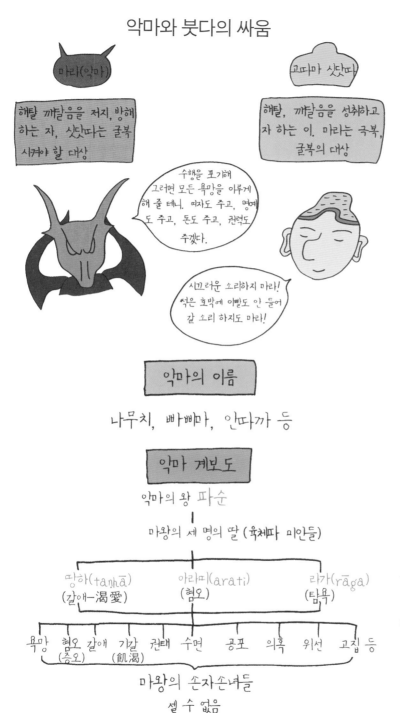

마라(Māra) 죽음의 신을 말한다. 마라는 '죽다, 파괴하다'라는 의미를 지닌 동사 마라띠(marati)와 관련 있는 단어이다. 죽음을 인격화한 것이기도 하다. 경전에서는 욕계(欲界, 욕망의 세계)의 지배자로 묘사되고 있다.

빨리 니까야 Pāli Nikāya. 빨리(Pāli)는 고대 서북인도에서 사용되었던 방언의 일종. 혹은 마가다 어의 형태라고도 하는데, 아직 정확한 지역은 확정되어 있지 않다. 니까야는 '모음, 그룹'이라는 뜻으로, 불교의 경전을 모아 놓은 것이라는 의미가 있다. 따라서 빨리 니까야란 빨리어로 기록된 경전을 분류하여 모아 놓은 것이라는 의미가 된다. 니까야는 총 5 니까야가 있다. 경전이 긴 것을 모아놓은 디가 니까야(Dīgha nikāya), 중간 길이의 경전을 모아놓은 맛지마 니까야(Majjhima nikāya), 경전을 주제별로 모아 놓은 상윳따 니까야(Saṃyutta nikāya), 1부터 11까지 법수(法數)로 경전을 분류한 앙굿따라 니까야(Aṅguttara nikāya), 그리고 마지막으로 이상의 네 니까야에 포함되지 않은 경전들을 모아 놓은 쿳다까 니까야(Khuddaka nikāya)가 있다.

열반 닙바나(Pāli. nibbāna, Sk. nirvāṇa)의 번역어. 모든 번뇌가 소멸된 상태.

싯닷따의 깨달음

수행자 고따마 싯닷따는 출가 이후 6년 가까이 갖가지 고행을 했지만 깨달음을 얻지 못하였다. 그는 고행을 포기하고 새로운 관점에서 수행할 것을 결심했다. 그것이 바로 중도에 입각한 선정 수행이다.

고따마 싯닷따가 고행에 전념하고 있을 때, 악마는 그를 유혹하지 않았다. 하지만 중도에 입각한 선정 수행을 시작하자, 악마가 나타났다. 악마는 다양한 방법으로 싯닷따를 유혹하기도 하고, 때로는 협박하기도 한다. 악마는 '욕망, 혐오, 기갈, 갈애, 권태, 수면, 공포, 의혹, 위선, 고집'이라는 여덟 가지 무기를 지닌 자로 묘사된다. 싯닷따는 모든 악마의 협박과 유혹을 물리친다. 욕망·두려움·거짓 등의 온갖 번뇌를 물리친 뒤에, 인간과 세상에 대한 명확한 통찰과 바른 앎을 통해 해탈(열반)을 성취한 것이다.

그가 깨달은 것은 '모든 번뇌의 소멸'과 다시는 그러한 번뇌로 인하여 고통을 받지 않는다는 것에 대한 자각이다. 이것을 해탈(解脫)과 해탈지(解脫智)라고 한다. 이를 통해 싯닷따는 깨달은 이, 붓다가 된 것이다. 경전에는 '4성제' 혹은 '연기'를 깨달아 붓다가 되었다는 기술도 보이지만, 『초전법륜경』과 같은 여러 경전에서는 '번뇌의 소멸'과 '소멸에 대한 명확한 자각'을 깨달음의 내용으로 분명히 제시한다.

붓다는 자신의 깨달음을 중도와 4성제로 정리한다. 중도란 고행주의와 쾌락주의에 편향되지 않은 가장 적절한 상태, 혹은 탁월한 상태를 의미하고, 4성제는 현실세계는 고통이며, 그 고통은 욕망과 번뇌로 인해 발생하며, 번뇌가 소멸된 상태가 해탈이고, 해탈은 8정도의 실천을 통해 획득된다고 하는 것이다. 4성제는 붓다의 심오한 깨달음의 경지를 누구나 이해하기 쉽게 정리하고 그 길에 이르는 방법론을 제시한 것이다(이제부터는 고따마 싯닷따 대신 '붓다'라고 표기한다).

모든 번뇌를 물리치고 깨달은 이, 붓다가 되다

깨달음을 얻은 시기

출가, 수행한 지 6년 만인 35세 때

장소

이것이 바로
보라수 잎

붓다가야의 보라수 나무 아래
(그래서 이 나무를 '깨달음의 나무(보라수)'라고 함)

붓다(Buddha) '깨달은 자'라는 의미의 보통명사였는데 후대에 고따마 붓다에게만 한정해 사용되면서, 고유명사화 된다. buddha는 동사 붓자띠(bujjhati, 알다, 깨닫다)의 과거분사형태가 명사로 전용된 것이다. 불교가 깨달음의 종교임을 여실하게 보여주는 증거이기도 하다.

깨달음의 내용

"모든 번뇌의 완전한 소멸과 소멸에 대한 명확한 자각"

깨달음에 이르는 체계적 가르침

중도
 고행주의와 쾌락주의 두 극단을 떠난 중도의 길
해탈·깨달음을 성취하는 길.

4성제

1. 고(苦): 현실세계는 고통
2. 집(集): 고통 원인은 욕망과 집착, 번뇌 때문
3. 멸(滅): 번뇌가 소멸된 상태가 해탈·열반
4. 도(道): 해탈·열반은 8정도의 실천을 통해 이루어짐

5온무아
 인간은 다섯가지 구성요소(색·수·상·행·식)로
이루어진 존재. 그 안에는 "나"라고 주장할
"실체(영혼)"가 없다는 가르침

연기
이것이 있음으로 저것이 있다.
이것이 사라지므로 저것도 사라진다는 진리
그리고 모든 것(존재)은 조건, 만남에 의하여
이루어지고 사라진다는 진리

범천의 설법 요청 [梵天 勸請]

붓다는 가장 높은 경지의 깨달음을 이룬 뒤, 얼마 동안 자신이 깨달은 것을 음미했다. 번뇌가 사라진 열반의 경지는 평온 그 자체였다. 그리고는 '이 열반의 경지를 누가 알 수 있을까. 그것을 말해 준다고 해도 이해하지 못할 것이다. 이해하지 못하는 사람들이 나를 험담하는 구업을 짓게 될 수도 있을 것이다. 그러니 이대로 그냥 입멸(入滅)하자'라고 생각했다.

이를 안 브라흐만(梵天)이 깜짝 놀라며 붓다 앞에 나타나 간곡하게 설법해 주기를 간청했다. 이를 '범천 권청(梵天 勸請, 범천이 설법할 것을 청하다)'이라고 한다. 브라흐만은 "붓다시여, 세상에는 번뇌에 적게 물든 자들도 있습니다. 그들은 붓다의 말씀을 들으면 곧바로 깨달을 것입니다. 하지만 만약 듣지 못한다면 그들은 진리를 알지 못하고 삶을 마감하게 될 것입니다. 세상에는 지혜로운 이들이 많습니다. 그들이 붓다의 설법을 듣게 되면 바로 깨달을 것입니다"라고 말했다.

이에 붓다는 자비심으로 세상을 두루 살펴보았다. 그 가운데는 아직 번뇌에 물이 적게 든 이들, 지혜로운 이들이 있음을 보고는 자신이 깨달은 진리를 설하기로 마음을 바꾼다. 이어 붓다는 다음과 같이 천명한다.

"불사(不死)의 문은 열렸다. 귀 있는 자들은 와서 들어라"

사실 범천 권청의 이야기가 실제로 있었던 일은 아닐 것이다. 후대의 불교 역사가들이 붓다가 깨달은 진리의 위대함을 강조하기 위하여 문학적으로 구성했을 것이다. 하지만 중요한 것은 이 이야기의 사실 여부가 아니라, 붓다라는 위대한 선각자의 가르침이 드디어 세상에 나타나게 되었다는 것이다.

범천 권청의 일화에는 또 다른 의미가 있다. 본래 브라흐만은 바라문교에서 세계를 창조한 절대신인데, 붓다를 존경하는 외호자(外護者)로 받아들여 불교가 바라문교 중심의 사회에 더욱 쉽게 다가서게 되는 의미도 갖는다.

범천이 설법을 청하다

"세상에는 번뇌에 적게 물든 자도 있습니다.
그들은 붓다의 말씀을 들으면 곧바로
깨달을 것입니다."

붓다가 깨달은 진리
번뇌의 완전한 소멸과 소멸에 대한 명확한 자각

⇩

붓다의
고민

붓다

브라흐만 범천

내가 깨달은 진리를 누가
알 수 있을까? 이해할 사람이
없을거야. 말해 준다고 해도 알지
못할 거야. 함구해 버리자.

왜 그러시옵니까,
부처님. 그러시면 아니
되옵니다. 부처님. 설법해
주십시오.

불사의 문이
열렸다. 귀 있는 자는
와서 들어라.

입멸 죽음을 말한다. 열반은 번뇌의 불이 완전히 꺼진 것을 말하는 것으로 죽음과는 본래 상관이 없는 말이다. 하지만 나중에 육체의 한계가 완전히 사라진 것을 진정한 열반으로 보는 관점이 생겨나서, 열반이 죽음을 의미하게 된다.

바라문교(브라만교) 고대 인도에서 바라문 계급을 중심으로《베다(Veda)》를 근본 경전으로 하여 발달한 종교. 힌두교의 전신으로 바라문교의 사제를 바라문이라고 한다. '바라문(婆羅門)'은 '브라흐마나(brāhmaṇa)'의 음역어.

브라흐만 산스끄리뜨어 brahman의 음사어(빨리어로는 brahmā). 베다에서 말하는 우주의 창조주이자, 이법(理法)이다. 불교에서는 브라흐만이 사는 세계를 범천(梵天)이라고 하고, 범천은 다시 색계(色界)의 범천계와 무색계(無色界)의 범천계로 구분된다. 말하자면 색계천과 무색계천이 모두 범천계가 되는 것이다.

우빠니샤드(Upaniṣad) 철학 베다 발전의 마지막 단계를 의미하기에 베단따(Vedānta)라고도 한다. 우빠니샤드는 아뜨만[자아], 업(業), 윤회사상 등에 대한 철학을 담고 있는 심오한 철학서이다. 우빠니샤드란 "(스승곁에) 가까이 다가가 앉다"라는 뜻으로 스승 밑에서 비밀리에 전수되는 오의(奧義), 비전(秘傳)을 의미한다. 우빠니샤드의 핵심 사상은 범아일여(梵我一如), 즉 브라흐만과 아뜨만의 동일성이다. 이 우빠니샤드 가운데 성립이 비교적 이르고 중요한 문헌은 18개 정도이다. 우빠니샤드 문헌은 고층 문헌의 경우 불교와 같은 시기이거나 조금 앞서고, 나머지 대부분은 불교의 영향을 받아 성립했다고 본다.

처음으로 가르침을 펴다[初轉法輪]

붓다가 가장 먼저 가르침을 펴고자 찾아간 곳은 녹야원이었다. 그곳에 머물고 있는 다섯 수행자에게 법을 전하러 간 것이다. 그들은 붓다가 고행림에서 수행할 당시 곁에서 함께 했던 동료들로, 고따마 싯닷따보다 먼저 고행림에 들어와 수행했던 이들이었다. 그들은 고따마 싯닷따의 수행력에 감화되어 고따마 싯닷따의 수행을 돕겠다고 자처한 사람들이었다. 그런데 고따마 싯닷따가 고행을 포기하자 그를 비난하고 떠났다.

붓다가 고행주의자들인 그들을 첫 설법 대상자로 삼은 것은 두 가지 이유 때문이었다. 첫째, 그들은 오랜 수행을 통해 번뇌의 티끌이 적고 지혜로운 사람들이었고, 둘째는 자신이 깨달은 것을 누구보다 잘 이해할 수 있을 것으로 생각했기 때문이었다.

다섯 수행자들은 멀리 고따마 싯닷따가 걸어오는 모습을 보고 서로 "우리에게 다가오더라도 절대 아는 체도 하지 말자"고 약속했다. 하지만 붓다가 그들에게 가까이 다가가자 언제 그랬냐는 듯 일어나서 자리를 권하며 인사하였다. 붓다는 이들에게 먼저 중도(中道)의 가르침을 설했다. 그들은 여전히 고행주의를 택하고 있었는데, 편협된 극단적인 방법으로는 깨달을 수 없기 때문이었다. 붓다는 중도의 내용으로 8정도를 설하고, 4성제와 5온무아의 가르침으로 다섯 수행자를 깨달음의 길로 인도하였다. 이것을 초전법륜(初轉法輪, 처음으로 가르침을 펴다)이라고 한다.

다섯 수행자를 집중적으로 지도하는 가운데 가장 먼저 꼰단냐(Koṇḍañña, 교진여)가 깨달았다. 이어 왑빠(Vappa, 발파), 앗사지(Assaji, 마승), 밧디야(Bhaddiya, 발제), 마하나마(Mahānāma, 대명)가 차례로 깨달았다. 이에 붓다는 자신을 포함하여 "이 세상에 여섯 명의 아라한이 존재한다"고 선언했다. 이들 다섯 수행자가 붓다의 최초의 출가 제자이다.

처음으로 가르침을 펴다

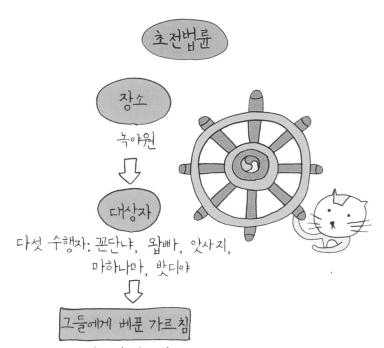

초전법륜

장소

녹야원

↓

대상자

다섯 수행자: 꼰단냐, 왑빠, 앗사지,
마하나마, 밧디야

↓

그들에게 베푼 가르침

중도의 가르침
이유: 그들은 극단적인 고행주의자들이었기 때문

↓

결과
그들은 모두 깨달음을 얻음
아라한과를 얻어 최고의 성자인 아라한이 됨

붓다는 자신을 포함하며
6명의 아라한이 탄생했다고 선언

아들이 첫 번째 출가 제자(스님)였다

중도 빨리어 majjhima-paṭ
ipadā, 산스끄리뜨어 madhyama-
pratipad의 번역. 자세한 내용은 제
2장 '중도' 항을 참조하라.

8정도 빨리어 āriya-aṭṭhaṅgika-
magga, 산스끄리뜨어 arya-aṣṭāṅ
ga-mārga의 번역. 성팔지도(聖八
支道)라고도 한다. 자세한 내용은 제
2장 '8정도' 항을 참조하라.

4성제 빨리어 catu-ariya-sacca,
산스끄리뜨어 catur-ārya-satya
의 번역. 고집멸도라는 네 가지 성스
러운 진리, 혹은 성자들이 인정하는
진리라는 의미이다. 자세한 내용은
제 2장 '4성제' 항을 참조하라.

아라한 빨리어 arahat의 음사어. 모
든 번뇌[구체적으로 열 가지 번뇌(十
結)를 말한다]를 끊어 다시는 고통의
상태에 처하지 않으며, 재생(再生,
다시 태어남)하지 않는 완전한 열반
을 성취한 성자를 말한다. 붓다를 가
리키는 10가지 명칭(十大名號) 가운
데 하나이다.

재벌의 아들 야사의 출가

초전법륜이 이루어졌던 녹야원은 당시 16대국의 하나였던 까시(Kāsi) 국의 수도 바라나시 근방에 있었다. 바로 그 바라나시에 거상(巨商)의 아들인 야사(Yasa)라는 청년이 살고 있었다. 야사는 붓다와 마찬가지로 대단히 풍요로운 청년시절을 보냈다. 아버지가 준비해 준 여름, 겨울, 그리고 우기를 위한 세 곳의 전각에서 아름다운 시녀들에게 둘러싸여 밤낮으로 환락에 젖은 생활을 했다. 그러던 어느 날 새벽녘 잠에서 깬 야사는 추한 모습으로 잠들어 있는 시녀들을 보고는 큰 충격에 휩싸이게 된다.

야사는 그 길로 집을 나와 "아, 괴롭다. 괴로워. 너무나도 고통스럽다"라고 울부짖으며, 녹야원 근처를 헤매고 다녔다. 마침 붓다는 그곳에서 다섯 비구를 깨달음으로 인도한 뒤, 잠시 머물고 있었다. 붓다는 새벽녘에 경행(經行)을 하다 야사의 울부짖는 소리를 듣게 되었다.

붓다는 야사에게 다가가서 마음을 진정시킨 다음 그에게 애욕에서 벗어나는 길과 보시를 실천하고 계율을 지키면 하늘에 태어나게 된다는 설법을 해 주었다. 야사가 기뻐하자, 붓다는 곧 4성제의 가르침을 설하였다. 야사는 4성제의 가르침을 이해하고 예류의 성자(깨달음의 흐름에 든 성자)가 되었다. 그리고 붓다가 자신을 찾아온 아버지에게 설법하는 동안, 번뇌로 괴로워하던 마음이 완전히 해탈하여 아라한이 되었다. 그 후, 야사는 부모님의 허락을 받고 출가하여 붓다의 제자가 되었다. 야사의 출가 소식을 들은 위마라(Vimala), 수바후(Subāhu), 뿐나지(Puṇṇaji), 가왐빠띠(Gavampati), 그리고 다른 친구 50명도 야사를 따라 출가하였고, 이들도 곧 아라한이 되었다.

야사의 출가, 교단 형성의 발판을 마련하다

야사(Yasa)
당시 16대국의 하나인 까시국 재벌 아들

⬇

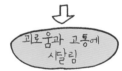

괴로움과 고통에
시달림

밤낮으로 환락에 젖은 생활에 염증
심적인 괴로움에 지침

⬇

붓다를 만나다

4성제의 가르침을 이해함

애욕을 벗어
야만 괴로움에서
벗어나리.

붓다

과롭다, 괴로워.
너무나도
괴로워.

야사

야사는 결국 출가하여 붓다의 여섯 번째
제자가 되었다. 그 뒤를 이어 친구 50명도 함께
출가하였다. 이리하여 교단의 구성원은 붓다를
포함하여 61명이 되었다. 야사의 아버지는
재가신자가 되었다.

초전법륜 녹야원(Migadāya)에서 행해진 첫 번째 설법을 말한다. 현재 인도 바라나시에서 북방으로 약 7㎞에 위치한 사르나트에 있다. 이곳에서 교진여 등 다섯 비구들을 대상으로 중도와 8정도, 4성제, 5온무아의 가르침이 설해졌다.

경행 빨리어로는 caṅkamana, 산스끄리뜨어로는 caṅkramana라고 한다. 수행자가 일정한 장소를 왔다 갔다 하며, 몸과 마음을 이완하는 것을 말한다. 공양 후나 수행 중 졸음이 올 때 주로 한다.

예류 진리의 흐름에 든 자라는 의미이다. 빨리어로 소따빤나(sotāpanna)의 번역어이다. 수다원(須陀洹)으로 음사하기도 한다. 초기, 부파불교에서 인정하는 첫 번째 성인의 계위로, 사문과(沙門果)의 첫 번째이다.

전도 선포(공표)

꼰단냐 등 다섯 비구와 야사, 그리고 야사의 친구 54명이 출가하여 모두 아라한이 되었다. 이 사실을 경전에서는 붓다를 포함하여 "이 세상에 61명의 아라한이 존재하게 되었다"라고 기술하고 있다. 이로써 명실상부한 초기불교 승가가 성립하게 되었다. 붓다는 60명의 아라한들에게 각지로 나아가 진리를 전파할 것을 당부했다. 이 말씀이 곧 그 유명한 전도 선언(傳道宣言)이다.

"비구들이여, 많은 사람들의 행복과 이익을 위하여, 세상 사람들에 대한 연민의 마음을 갖고서, 천신과 사람들의 행복과 이익을 위하여 전도하라.

두 사람이 한 곳으로 가지 마라.

비구들이여, 처음도, 중간도, 마지막도 좋은 의미와 표현을 갖춘 법을 설하여라. 온전하고 청정한 범행(梵行, 도덕적 행위)을 알게 하라.

더러움을 적게 타고난 중생들이 있다. 법에 대해서 듣지 못한 자들도 있다. 그들이 법을 듣지 않으면 퇴보할 것이다. 그러나 그들이 법에 대해 듣게 되면 지혜를 갖춘 자가 될 것이다.

비구들이여, 나도 법을 설하기 위해서 우루웰라의 장군촌으로 갈 것이다"

이 전도 선언의 목적은 교세 확장이나 붓다 자신의 위상을 높이기 위한 것이 아니라, 오로지 많은 사람들의 행복과 이익, 나아가 천신을 포함한 모든 생명의 행복과 이익을 위한 것임을 분명히 밝히고 있다. 또한 진리를 설할 때에는 반드시 논리적으로 알기 쉽고 간결하게 설할 것과 뭇 사람들에게 존경받을 만한 도덕적 행위[梵行]를 보여줄 것을 당부하고 있다.

전도 선언은 붓다가 진리의 바퀴[法輪]를 굴리고자 결심한 이유와 제자들에게 진리를 설하는 자세를 제시한 가르침으로, 오늘날 불교인들이 어떠한 마음가짐을 가져야 하는지를 잘 보여주고 있다.

전도 선포(공표)

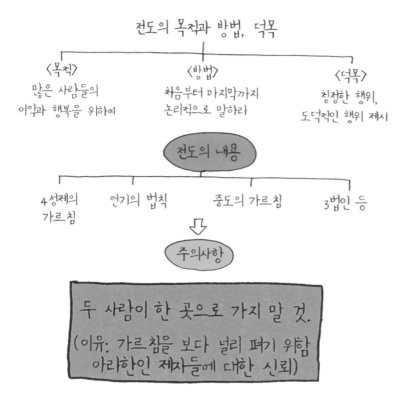

전도의 목적과 방법, 덕목

〈목적〉
많은 사람들의
이익과 행복을 위하여

〈방법〉
처음부터 마지막까지
논리적으로 말하라

〈덕목〉
청정한 행위,
도덕적인 행위 제시

진리의 바퀴 설법을 의미한다. 붓다의 설법을 전법륜(轉法輪), 즉 '진리의 바퀴를 굴린다'고 표현한다.

전도의 내용

4성제의
가르침

연기의 법칙

중도의 가르침

3법인 등

주의사항

두 사람이 한 곳으로 가지 말 것.

(이유: 가르침을 보다 널리 펴기 위함
아라한인 제자들에 대한 신뢰)

깟사빠(가섭) 삼형제의 귀의

붓다는 전도 선언에서 밝힌 바와 같이, 우루웰라(Uruvelā)로 향했다. 우루웰라는 붓다가 깨달음을 성취한 보디가야 근처에 있는 마을이었다. 우루웰라에는 당시 마가다 국에서 이름을 떨치고 있던 깟사빠(Kassapa, 가섭) 삼형제가 있었다. 그들은 머리를 묶은[結髮] 고행자들로 우루웰라(Uruvelā) 깟사빠, 나디(Nadī) 깟사빠, 가야(Gayā) 깟사빠가, 각각 500명, 300명, 200명의 제자들을 이끌고 불의 신 아그니(Agni)를 섬기는 조로아스터교도(배화교도)였다. 깟사빠는 바라문 계급을 가리키는 이름 가운데 하나로, 이를 통해 이들 삼형제가 바라문 계급임을 알 수 있다.

붓다는 우루웰라에 도착하여 깟사빠가 불을 섬기는 사당에 머물게 되었다. 이곳에 머물면서 자만심이 높았던 우루웰라 깟사빠를 교화하여 붓다에게 귀의·출가하게 하였다. 그는 불의 신에게 제사지내던 모든 도구들을 버렸다. 이를 본 동생 나디 깟사빠와 가야 깟사빠 역시 형과 마찬가지로 머리를 깎고 제사 도구를 버리고 붓다에게 귀의하여 제자가 되었다.

그리고 그들이 데리고 있던 천 명의 제자들도 모두 붓다에게 귀의하여 제자가 되었으니, 한순간에 붓다는 천 명이나 넘는 제자를 거느린 스승이 되었다.

깟사빠 삼형제의 귀의는 마가다 국 일대에 커다란 파문을 일으켰다. 또한 이 일을 계기로 붓다의 이름이 순식간에 마가다 국에 알려졌다. 붓다가 깟사빠 등 천 명의 제자와 함께 마가다 국의 수도 라자가하에 도착하자, 빔비사라 왕은 여러 바라문과 장자(長子, 巨商) 등을 데리고 붓다를 방문했다. 수행자 시절 빔비사라 왕과의 첫 만남에서 말한 바대로 재회하게 된 것이다. 붓다에게 귀의한 왕은 붓다와 천 명의 제자들이 머물 수 있는 대나무 숲(Veḷuvana)을 기증하였다. 후에 이곳에 최초의 사원인 죽림정사(Veḷuvana-vihāra)가 지어졌다.

깟사빠 삼형제, 천 명의 제자들과 함께 출가하다

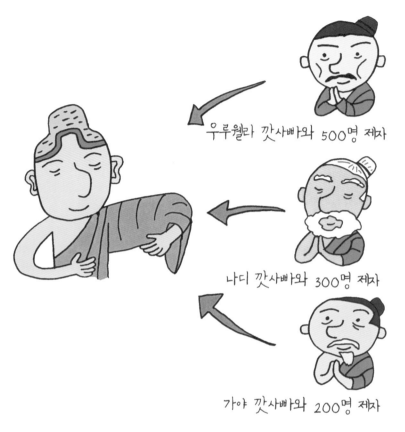

배화교도 조로아스터교라고도 한다. 불을 숭배하는 종교로 오늘날에도 인도 문화권에서 신앙되고 있는 종교이다.

우루웰라 깟사빠와 500명 제자

나디 깟사빠와 300명 제자

가야 깟사빠와 200명 제자

깟사빠 삼형제와 제자 천 명이
함께 붓다의 제자가 되었대요.

붓다를 만나고 싶어요
정말 대단한 분안가 봐요.

사리뿟따와 목갈라나의 귀의

깨달음을 얻은 뒤의 붓다의 활동무대는 주로 라자가하(왕사성) 일대였다. 당시 라자가하에는 붓다 외에도 수많은 유력한 종교지도자들이 활발하게 자신들의 가르침을 펴고 있었다. 6사외도의 한 명으로 잘 알려진 산자야 벨랏티뿟따는 회의론자로 유명했다. 그는 250명의 제자를 거느리고 있었는데, 그 중에서 두 명의 뛰어난 제자가 있었으니, 바로 사리뿟따와 목갈라나였다. 이들의 속명은 각각 우빠띳싸(Upatissa)와 꼴리따(Kolita)였다.

사리뿟따와 목갈라나는 누구든지 먼저 불사(不死)의 경지에 이른다면 서로 알려주기로 약속했다. 그러던 어느 날 사리뿟따는 탁발 중인 앗사지(Assaji) 비구(녹야원의 다섯 비구 중 한 사람)를 만났다. 사리뿟따는 앗사지로부터 "모든 것에는 원인이 있으며, 여래는 그 원인과 소멸에 대해 설하신다"는 말을 듣고는 눈이 열렸다. 그는 곧 이 사실을 목갈라나에게 전하고, 같이 붓다의 제자가 되자고 권유했다. 그러자 목갈라나는 당시 산자야를 따르던 250명의 수행자들에게도 이 일을 알리고 그들의 의향을 물었다. 250명의 수행자들은 자신들이 존경하던 사리뿟따와 목갈라나의 이야기를 듣고는 같이 붓다에게 출가하여 제자가 되겠다고 하였다.

사리뿟따와 목갈라나는 250명의 수행자와 함께 붓다를 찾아뵙고 제자가 될 것을 청하였다. 붓다는 이 두 수행승을 반갑게 맞이했다. 그리고는 장차 훌륭한 제자가 되어 승가에서 중요한 역할을 할 것임을 시사하였다. 그 후 이들은 둘 다 10대 제자가 되었는데, 특히 사리불은 지혜가 뛰어나서 '지혜제일'이라고 불렸고, 목갈라나는 신통력이 뛰어나서 '신통제일'이라고 불렸다.

경전 첫 머리에 붓다와 함께 등장하는 '대비구중(大比丘衆) 1,250인'이라는 숫자는 이렇게 해서 성립하게 된다. 즉 깟사빠(가섭) 삼형제의 1,000명과 사리뿟따와 목갈라나의 250인을 합한 숫자이다.

사리뿟따(사리불)와 목갈라나(목련)의 귀의

사리뿟따와 목갈라나

두 사람 모두 육사외도의 한 사람인 산자야의 제자였음.

앗사지 비구와의 만남

"당신의 스승은 어떻게
가르치고 계십니까?"

"모든 것에는 원인이 있으니,
그 원인과 소멸에 대해 설하십다."

두 사람 붓다에게 귀의

자산들을 따르던 250명과 함께 귀의

경전에 붓다와 함께 등장하는 '비구 1,250명'이라는
숫자는 깟사빠(가섭) 3형제의 제자 1,000명과 사리뿟따,
목갈라나의 제자 250명을 합한 숫자 = 1,250명

훗날 사리뿟따는 '지혜제일'
목갈라나는 '신통제일'이 도다.

6사외도(六師外道) 고따마 붓다와 거의 동시대인 기원전 6~5세기 경, 고대 북인도(갠지스 강 중류 유역)에서 상당한 세력을 갖고 있었던 자유사상가 가운데 대표적인 6인. 불교의 가르침과는 다르기 때문에 외도(外道)라 일컬어진다. (1)산자야 벨랏티뿟따(Sañjaya Belaṭṭhiputta); 형이상학적 회의론자, 불가지론자(不可知論者). (2)아지따 께사깜발린(Ajita Kesakambalin); 철저한 유물론자, 쾌락론자, 순세파(順世派)로서 윤리 도덕을 부정하고 현실적 쾌락이 인생의 목적임을 주장함. (3)막칼리 고살라(Makkhali Gosāla); 극단적인 운명론, 숙명론자, 자연론자. 이들을 불교에서는 사명외도(邪命外道)라고 함. (4)뿌라나 깟사빠(Purāna Kassapa); 도덕부정론자. 윤리 도덕과 인과응보를 부정함. 무인과론자(無因果論者)라고도 함. (5)빠꾸다 깟차야나(Pakudha Kaccàyana); 상주론자, 불멸론자. 인간을 포함한 모든 생명체는 절대 불변의 7요소 즉 지·수·화·풍·고·락·생명이란 요소의 집합과 흩어짐에 불과하다고 함. (6)니간타 나타뿟따(Niganṭha Nātaputta); 자이나교의 개조. 나체 수행자들로 경전에서는 나형외도(裸形外道) 혹은 니건타(尼乾陀)라고 함. 극단적인 고행과 불살생을 주장함. 윤리적 엄숙주의며 6사외도 가운데 불교와 관련성이 가장 많음. 깨달은 후에는 마하위라(Mahàvira)라고 불리어짐. 이들 6사외도에 대해서는 Digha−nikāya의 사문과경(Sàmaññaphalasutta, 沙門果經)에 잘 설해져 있음.

아들 라훌라에게 주는 유산

숫도다나 왕은 자신의 아들인 고따마 싯닷따가 고행 끝에 최상의 깨달음을 얻어 붓다가 되어, 라자가하에서 많은 이들에게 설법을 하고 있다는 소식을 듣게 되었다. 왕은 대신(大臣) 깔루다이를 보내어 붓다를 왕궁으로 초청하였다. 깔루다이는 붓다를 뵙고 설법을 듣고는 그만 출가하여 아라한이 되었다. 깔루다이는 얼마 후 붓다에게 부왕의 초청 말씀을 전하였다.

붓다는 부왕의 초대를 받아들여, 모국(母國) 까삘라왓뚜를 방문하였다. 출가한 지 7년째 되던 해였다. 성대한 법회가 마련되었고, 출가하기 전의 부인인 야소다라 역시 이제 일곱 살이 된 아들 라훌라를 데리고 참석했다. 설법 장소에 도착한 야소다라는 아들에게 "애야, 저 분이 너의 아버지란다. 가서 아버지께 너의 유산을 달라고 해라"라고 말했다.

하지만 붓다에게는 물려줄 재보(財寶) 같은 것은 없었다. 또한 세속적인 부(富)나 재산은 결국 고통을 초래할 뿐이라는 것을 누구보다 잘 통찰하고 있었다. 그래서 붓다는 라훌라에게 일곱 가지 출세간의 보물을 물려 주기로 했다. 즉 믿음, 계율, 양심, 부끄러움, 다문(多聞), 보시, 지혜였다. 이를 위해 붓다는 사리뿟따(사리불) 존자에게 라훌라를 출가시키게 하였다.

하지만 이 일을 알게 된 부왕 숫도다나와 야소다라는 또 한 번 커다란 충격을 받고 말았다. 뒤를 이어 왕위에 오를 라훌라까지 출가하고 말았으니, 숫도다나 왕의 슬픔은 이루 말할 수 없었다. 이에 왕은 붓다에게 어린아이가 부모의 동의 없이 출가하는 것을 금지케 해달라는 청원을 하였고, 붓다는 이를 받아들여 부모의 동의 없이 어린아이가 출가하는 것을 금지하는 계율을 제정하였다.

아들 라훌라에게 유산을 주다

출가한지 7년 만에 모국 까삘라왓뚜 방문

7세가 된 아들 라훌라와 만남

야소다라

라훌라야,
아버지께 네 유산을
달라고 해라.

다문 빨리어로는 bahu-suta, 산스끄리뜨어로는 bahu-śruta라고 한다. 붓다의 가르침을 많이 듣고 배운다는 의미이다.

유산 목록 7개

믿음, 계율, 양심, 두려움, 많이 배울 것, 보시, 지혜

"라훌라야, 너에게 주는 유산은 믿음, 계율, 양심, 두려움,
많이 배울 것, 보시, 지혜야. 그 어떤 보물보다도 값진
없어지지 않을 보물야."

데와닷따의 반역

데와닷따(Devadatta, 제바달다)는 붓다의 사촌이라고도 하고, 야소다라의 남동생이라고도 한다. 여하튼 그는 사꺄 족의 일원으로서 고귀한 신분이었다. 그는 까삘라왓뚜를 방문한 붓다의 설법을 듣고 밧디야(Bhaddiya), 아누룻다(Anuruddha), 아난다(Ānanda), 바구(Bhagu), 낌빌라(Kimbila) 왕자 등과 함께 출가하였다. 이들은 출가후 열심히 정진하여 고귀한 성자가 되었지만, 데와닷따만은 범부가 얻을 수 있는 신통력을 얻었을 뿐 고귀한 성자는 되지 못했다고 한다.

그래서인지, 승가에 공양을 올리러 온 이들은 한결같이 붓다와 사리뿟따, 목갈라나, 밧디야, 바구, 낌빌라 존자를 찾을 뿐 데와닷따는 찾지 않았다. 이에 데와닷따는 불만을 품고 자신을 지지해 줄 사람을 물색했다. 그는 마가다 국의 어린 왕자 아자따삿뚜를 설득하여 자신의 추종자로 만드는 데 성공했다.

그는 아자따삿뚜 왕자를 부추겨 부왕인 빔비사라 왕을 시해하게 하였고, 자신은 붓다를 제거하여 승가를 장악하고자 했다. 데와닷따는 붓다를 시해하고자 암살자를 파견했으나, 붓다의 가르침을 듣고 감복한 암살자가 출가하여 실패하고 말았다. 이어 코끼리에게 술을 먹여 탁발 나온 붓다를 죽이려 했지만, 붓다의 위력에 코끼리는 정신을 차리고 붓다의 발치에 쪼그리고 앉았다. 이를 본 이들은 붓다의 위신력에 감동하여 찬탄하였다.

그러자 데와닷따는 영취산에 올라가 붓다가 지나갈 때 바위를 굴러 떨어뜨려 살해하고자 했다. 하지만 붓다는 바위조각이 튀어서 발에 조그만 상처만 입었을 뿐이었다. 결국 그는 모든 시도가 실패하자 마지막으로 자신을 추종하는 무리를 이끌고 파승(破僧, 승가를 분열시킴)을 시도하였다.

* 110쪽 데와닷따의 승가분열 참조

질투에 눈먼 데와닷따(제바달다)의 반역

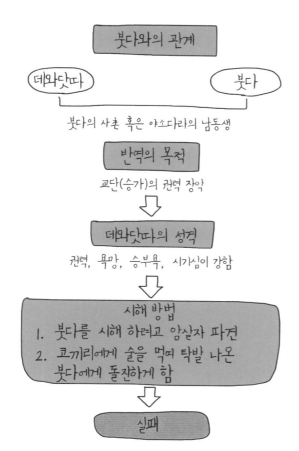

붓다와의 관계

데와닷따   붓다

붓다의 사촌 혹은 야소다라의 남동생

반역의 목적

교단(승가)의 권력 장악

데와닷따의 성격

권력, 욕망, 승부욕, 시기심이 강함

시해 방법
1. 붓다를 시해 하려고 암살자 파견
2. 코끼리에게 술을 먹여 탁발 나온
   붓다에게 돌진하게 함

실패

실패 이유: 암살자도 코끼리도 붓다의 인격에 감화를 받아 암살자는 제자가
되고 코끼리는 아주 순해짐.

영취산(靈鷲山) 산스끄리뜨어 Grdhrakūtaparvata, 영축산이라고도 읽고, 기사굴산이라고도 함. 북인도 마가다 국 라자가하(왕사성) 부근에 있는 산으로 붓다가 설법하신 곳으로 유명하다. 특히 붓다가 법화경을 이곳에서 설했다고 한 것을 보면 영취산을 중심으로 대승불교가 융성했음을 알 수 있다. 이 산에는 신선들이 살았고, 독수리가 많이 있었기 때문에 영취산, 취두, 취봉, 취대라고 한다. 또 산의 모습이 독수리의 머리와 비슷해서 이렇게 불렀다고도 한다.

사꺄(석가) 족의 멸망

데와닷따의 반역 사건과 더불어 붓다의 만년에 일어난 가슴 아픈 사건으로 사꺄 족의 멸망을 들 수 있다. 사꺄(석가) 족 멸망의 원인은 꼬살라(Kosala) 국의 빠세나디(Pasenadi) 왕과 붓다의 만남으로 거슬러 올라간다. 빠세나디 왕은 붓다의 가르침을 듣고 더욱 승가와 친밀해지고 싶었다. 그래서 그는 사꺄 족의 공주와 결혼하기로 결심하고, 사꺄 족에 청혼을 했다. 사꺄 족은 빠세나디 왕의 청혼을 받아들여야 할지 말지 논의를 거듭했다. 만약 거부한다면 강국인 꼬살라 국과 전쟁이 일어날 것이 분명했다.

이때 사꺄 족의 왕자인 마하나마가 "우리 집 노비 가운데 아주 아름다운 와사바캇띠야라고 하는 소녀가 있습니다. 이 소녀를 빠세나디 왕에게 보내는 것이 어떻겠습니까?"라고 제안했다. 사꺄 족은 그녀를 공주라고 속여서 결혼시키기로 했다. 그래서 마하나마의 노비는 빠세나디 왕과 결혼하여 왕비가 되었다. 결혼 후, 위두다바라고 하는 이름의 왕자를 낳았다.

위두다바 왕자는 16살이 되었을 때, 외가인 까삘라왓뚜를 방문했다. 이 때 우연히 신분의 비밀을 알게 되었다. 크게 분노한 왕자는 사꺄 족을 피로 응징하겠다고 다짐했다. 훗날 왕위를 찬탈한 위두다바(Viḍūḍabha) 왕자는 군대를 이끌고 까삘라왓뚜로 향했다. 이를 안 붓다는 카삘라왓뚜와 꼬살라 국 사이에 있는 길에 앉아 위두다바를 기다렸다. 붓다를 본 위두다바는 차마 침공하지 못하고는 군대를 돌렸다. 세 번에 걸쳐 침략하고자 했으나 번번이 붓다가 가로막아서 뜻을 이루지 못했다. 하지만 네 번째 군대를 일으켰을 때, 붓다는 사꺄 족이 지은 악업은 피할 수 없음을 아시고 더 이상 개입하지 않았다. 위두다바는 대군을 이끌고 사꺄 족을 침략하여 멸망시켰다.

붓다도 막을 수 없었던 사까 족의 멸망

꼬살라 국의 빠세나디 왕
붓다의 가르침을 듣고
승가와 친밀해지려고
사까 족에 결혼 제안

사까 족은 노비인 와사바캇띠야를
공주로 속여 빠세나디 왕에게 보냄

와사바캇띠야는 위두다바라는 왕자를 낳음

왕자는 16세가 되던 해
출생의 비밀을 알고 분노
사까 족을 응징하겠다고 다짐

위두다바는 세 번 군대를 일으켰으나
그때마다 붓다의 저지로
사까 족 침략의 뜻을 이루지 못했다.
네 번째 군대를 일으켰을 때,
붓다도 더 이상 개입하지 않았고
결국 사까 족은 멸망함.

꼬살라(Kosala) 기원 전 6세기 북인도의 16대국 가운데 마가다 (Magadha) 국과 더불어 가장 강력한 2대 왕국이었다. 현재 인도의 웃따르 쁘라데쉬(Uttar Pradesh) 주에 위치했던 나라였다. 이 나라의 빠세나디(Pasenadi) 왕은 붓다의 대표적인 제자 가운데 한 사람으로, 붓다에게 늘 질문하기를 좋아했던 왕으로 불전에서는 기록하고 있다.

비구니 승가의 형성

불교의 구성원을 일컬어 사부대중(四部大衆)이라고 한다. 즉 비구·비구니·우바새·우바이이다. 이 가운데 비구니 대중이 가장 늦게 성립하였는데, 그 인연담은 붓다의 양모이자 이모인 마하빠자빠띠의 이야기로 거슬러 올라간다.

마하빠자빠띠는 남편인 숫도다나 왕이 죽은 뒤, 다른 석가족의 청년들과 마찬가지로 출가수행자가 되고자 했다. 그래서 까삘라왓뚜의 니그로다 승원에 머물고 있던 붓다를 찾아가서 출가를 허락해 줄 것을 간청했지만, 붓다는 '출가에 마음을 쓰지 마십시오'라는 말로 허락하지 않았다. 이후 붓다는 까삘라왓뚜를 떠나 웨살리(Vesāli)의 중각 강당으로 떠났다. 마하빠자빠띠 고따미는 뜻을 같이 하는 사꺄 족의 여성들과 함께 머리를 깎고 웨살리의 중각 강당으로 찾아갔지만 붓다는 여전히 출가를 허락하지 않았다. 그녀는 커다란 실망감과 긴 여행의 피로가 겹쳐 문 밖에서 울고 있었다. 마침 아난다 존자가 보고 "마하빠자빠띠 고따미시여, 어찌하여 그렇게 발은 붓고 온 몸은 먼지로 뒤덮인 채 울고 계십니까?"라고 묻자, 그녀는 붓다가 출가를 허락하지 않기 때문이라고 답했다.

　아난다는 마하빠자빠띠를 대신해서 그녀의 결의를 전하였지만, 여전히 붓다는 허락하지 않았다. 이에 아난다는 "만일 여성들이 출가하여 붓다의 계율과 가르침에 따라 수행하면 예류과를 비롯하여 아라한과를 성취할 수 있습니까?"라고 여쭈었다. 이에 붓다가 '그렇다'고 대답하자, 마하빠자빠띠는 붓다의 양모이자 이모로서, 붓다를 정성껏 사랑으로 양육하신 분이니 출가를 허락해 달라고 간청했다. 이 말을 듣고 붓다는 몇 가지 조건을 달며 여성의 출가를 허락하였다. 그 조건을 비구니 팔경법(八敬法), 혹은 팔중법(八重法)이라고 한다. 이로써 마하빠자빠띠는 최초의 비구니가 되었으며, 이후 같이 온 사꺄 족의 여인들이 출가하여 비구니 승가가 성립하게 되었다.

최초로 비구니 승가가 성립되다

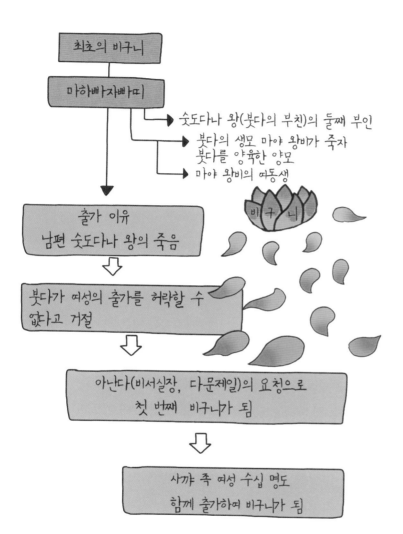

최초의 비구니

마하빠자빠띠

→ 숫도다나 왕(붓다의 부친)의 둘째 부인
→ 붓다의 생모 마야 왕비가 죽자
  붓다를 양육한 양모
→ 마야 왕비의 여동생

비구니

출가 이유
남편 숫도다나 왕의 죽음

붓다가 여성의 출가를 허락할 수
없다고 거절

아난다(비서실장, 다문제일)의 요청으로
첫 번째 비구니가 됨

사꺄 족 여성 수십 명도
함께 출가하여 비구니가 됨

아난다 존자 빨리어 Ānanda의 음사. 사꺄 족 출신으로 붓다와는 사촌이다. 붓다보다 스무 살 정도 나이가 어리다. 25년간 붓다를 모셨으며, 다문제일(多聞第一), 곧 붓다의 설법을 가장 많이 듣고 기억하고 계신 분으로 추앙받는다.

비구니 팔경법 비구니가 비구에게 지켜야 할 여덟 가지 공경법. 100세의 비구니라도 새로 비구계를 받은 비구를 보면 일어나 맞아 예배하고, 깨끗한 자리를 펴고 앉기를 청해야 한다. 비구니는 비구를 흉보거나 꾸지람하지 못한다 등 비구니가 비구를 받들고 공경해야 한다는 내용으로 이루어진 팔경법은 붓다가 직접 설한 것이 아니라 훗날 경전 편찬자들이 첨삭한 것으로 알려져 있다. 경전에서는 "여인도 정진하면 사문의 네 가지 도를 얻을 수 있다고 붓다가 말씀하셨다"는 내용이 나오는데, 극심했던 남녀차별의 시대상이 비구니 팔경법이 나오게 된 배경이라고 할 수 있다.

자이나교도 시하 장군과의 대화

붓다의 이름이 널리 알려지자 많은 이들이 붓다의 설법을 듣고자 혹은 붓다와 대론하기 위해 찾아왔다. 이들 가운데에는 다른 종교의 가르침을 따르는 이들이 많았다. 그 중에는 자이나교도인 재가자들도 있었다.

시하(Sīha)는 왓지(Vajjī) 족 출신으로 웨살리(Vesālī, 毘舍利)의 명망 있는 장군이었다. 그는 자이나교의 개조인 마하위라(Mahāvira)가 왓지 족 출신이라는 점을 자랑스럽게 생각했으며, 그 때문에 열렬한 지지자가 된 사람 가운데 하나였다.

어느 날 그는 릿차비(Licchavi) 족 사람들이 붓다와 승가를 찬탄하는 이야기를 듣게 되었다. 그때 붓다를 꼭 뵈어야겠다는 생각이 들었다. 그래서 시하 장군은 곧 마하위라에게 찾아가 "저는 사문 고따마를 뵙고자 합니다"라고 말했다. 그러자 마하위라는 "그대는 어찌 단멸론자이며 혐오론자인 고따마를 보고자 하는가?"라며 만류하였다. 시하 장군은 마하위라의 만류에 마음이 누그러져 돌아갔다. 그러나 또 다시 붓다와 승가를 찬탄하는 소리를 듣고는 바로 수레를 타고 붓다를 찾아뵈었다.

붓다를 만나 그는 '단멸론자이고 혐오론자'라는 비판에 대해 말하자, 붓다는 "나는 악행의 소멸과 탐욕의 단멸"을 주장하는 단멸론자이며, "악행을 혐오하고 탐욕을 혐오하는 혐오론자"라고 말하였다. 이 말은 들은 시하 장군은 감격하며 붓다의 재가제자가 되겠다고 청했다. 이에 붓다는 "그대와 같이 명망 있는 사람은 깊이 심사숙고하여야 한다. 경솔히 결정해서는 안 된다"라고 만류했다. 시하는 '다른 이들은 시하가 내 제자가 되었다고 소문을 내며 다닐 터인데 이분은 그렇지 않구나.'라고 생각하여 더욱 존경하게 되었다. 세 번에 걸친 간청에 붓다는 시하를 제자로 받아들이며, 자이나교의 수행자들에게도 공양을 대접해야 한다고 당부하였다. 시하의 개종 이후 웨살리의 많은 이들이 붓다에게 귀의하게 되었다. 아울러 이때 삼정육(三淨肉)에 대한 계율이 제정되었다.

자이나교도 시하 장군의 개종을 허락하다

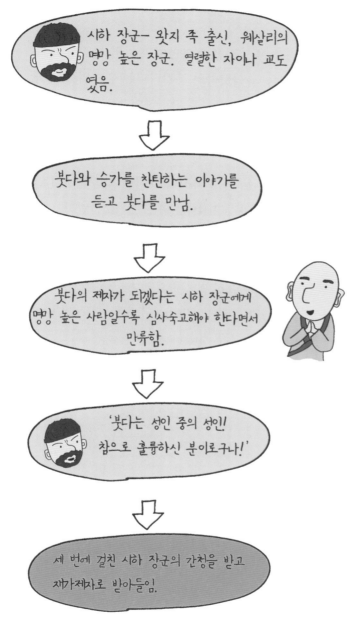

시하 장군— 왓지 족 출신, 웨살리의 명망 높은 장군. 열렬한 자이나 교도였음.

붓다와 승가를 찬탄하는 이야기를 듣고 붓다를 만남.

붓다의 제자가 되겠다는 시하 장군에게 명망 높은 사람일수록 심사숙고해야 한다면서 만류함.

'붓다는 성인 중의 성인! 참으로 훌륭하신 분이로구나!'

세 번에 걸친 시하 장군의 간청을 받고 재가제자로 받아들임.

삼정육 붓다가 병든 수행자에게 허락한 세 가지 조건을 갖춘 고기. 1. 자신을 위해 죽인 것이 아닌 것 2. 자신을 위해 죽인 것이라는 소리를 듣지 않은 것 3. 자신을 위해 죽인 것이 아닌지 의심되지 않는 것이다.

자이나교 자이나(Jaina)란 지나(jina), 곧 승리자를 따르는 자들이라는 의미이다. 붓다 당시 북인도 일대에서 발생한 종교로서, 경전에서는 니간타 나따뿟따(Niganṭha Nātaputta)가 자이나교의 교조로 소개되고 있다. 본명은 와르다마나(Vardhamāna)이고, 초기경전에서 '니간타'라고만 하면, 자이나교도를 의미한다.

사리뿟따와 목갈라나의 죽음

붓다 만년에 일어난 사건 가운데 가장 큰 사건은 데와닷따의 반역 사건과 사리뿟따와 목갈라나 존자의 입적(죽음)이다. 사리뿟따와 목갈라나는 승가의 지도적 위치에서 붓다를 도와 불교의 발전에 지대한 역할을 담당했던 이들이다. 이 두 사람은 붓다보다 연상이었지만, 붓다에 대한 존경심은 누구보다 깊었다.

사리뿟따는 중병에 걸려 자신의 열반이 얼마 남지 않았음을 알고는 붓다에게 하직인사를 드리고 고향인 날라까(Nālaka)로 가서 자신이 태어난 벽돌집에서 열반에 들었다. 붓다는 사리뿟따의 유해를 사왓티(사위성) 시에 탑을 건립하고 안치하게끔 했다.

그 후, 얼마 되지 않아 목갈라나마저 열반에 들었다. 붓다는 목갈라나의 유해를 라자가하(왕사성) 시내에 탑을 건립하고 안치하게 하였다. 이 두 상수제자의 열반은 아난다를 비롯한 다른 비구 수행자들에게 커다란 슬픔을 안겨주었다. 이러한 모습을 보고 붓다는 아난다 등을 불러 말씀하셨다.

"아난다야, 우리는 사랑하는 사람들과 언젠가는 헤어져야 한다고 내가 가르치지 않았더냐. 생겨나고, 존재하고, 조건 지어진 것들은 언젠가는 무너지게 마련이다. 무너지지 않는 것은 있을 수 없다."

하지만 두 제자의 열반은 붓다에게도 큰 아픔이었다. 두 제자의 입적에 대하여 "사리뿟따와 목갈라나가 열반에 든 지금 이 모임이 내게는 텅 빈 것 같구나. 전에는 그들이 어디에 있든지 모임이 텅 빈 것 같지 않았다"라고 하였다. 붓다의 인간적인 모습을 엿볼 수 있는 대목이다.

사리뿟따와 목갈라나의 죽음

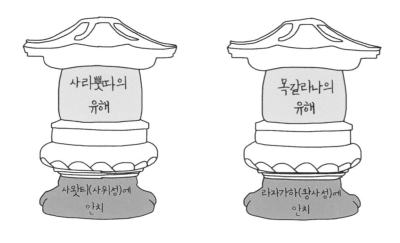

사리뿟따의
유해

사왓티(사위성)에
안치

목갈라나의
유해

라자가하(왕사성)에
안치

사리뿟따와 목갈라나 사리뿟따와 목갈라나는 어려서부터 절친한 친구로, 출가 이전의 이름은 각각 우빠띳사(Upatissa)와 꼴리따(Kolita)였다. 6사외도(六師外道, 불교 이외의 여섯 명의 영적 스승들) 중 한 사람으로 불가지론을 주장한 산자야 벨라띠뿟따(Sañjaya belatthiputta)의 제자이기도 했다. 붓다의 10대제자 중 지혜제일 사리뿟따, 신통제일 목갈라나로 알려져 있다.

두 제자의 죽음은 붓다에게도 큰 충격!

"사리뿟따와 목갈라나가 없는 지금 이 모임이 내게는 텅 빈 것 같구나. 전에는 그들이 어디에 있든지 모임이 텅 빈 것 같지 않았다."

절묘한 설법

초기불전에 나타난 붓다의 설법은 참으로 알기 쉽다. 수행자에 대한 교리적 해설은 물론이고, 재가신자에 대한 설법도 쉽고 간결하다. 붓다는 자신이 체험한 깨달음을 그대로 전하기보다는 실천할 수 있는 생활방법을 설하였다. 그리고 쉽게 이해할 수 있도록 많은 비유를 사용하였다.

독화살의 비유라는 유명한 일화가 있다. '말룽끼야뿟따'라는 청년은 이론을 좋아했다. 그래서 우주의 시초나 사후의 세계 등에 대해 알기 전에는 수행하지 않겠다고 강변하였다. 이에 대해 붓다는 독화살을 비유로 들어 설명하였다. 즉 독화살을 맞으면 빨리 화살을 뽑아내는 것이 급선무인데, 쏜 사람의 이름과 출신, 화살의 종류 등을 알기 전에는 뽑을 수 없다고 고집 부리는 것과 같다는 것이다. 이론에 앞선 실천의 중요성을 역설한 것이다.

또 소나라는 청년은 중도를 벗어난 격렬한 수행을 했지만 별로 진전이 없었다. 붓다는 이 청년이 속세에 있을 때 가야금의 명수였음을 알고 가야금을 연주하는 방법을 비유로 들어, 지나치게 강해도 지나치게 약해도 정상적인 음이 나오지 않는 것과 같다고 하여, 중도의 중요함을 설하였다. 가장 오래된 불전의 하나인 『숫따니빠따』에는 붓다와 소를 기르는 다냐와의 대화를 아름다운 시로 기록하였는데, 다냐가 먼저 "나는 이미 밥도 지어 놓았고 우유도 짜놓았다. 내 움막은 지붕이 덮여 있고 방에는 불이 켜졌다. 그러니 비여, 내리려면 내려라"라고 하자, 붓다는 "내 움막(자기 자신)은 드러나 있고, 탐욕의 불은 꺼져 버렸다. 비여, 내리려면 내려라"라고 하여 종교적 안심(安心)의 경지를 이야기하고 있다.

붓다는 모든 사람들에게 차별 없이 법을 설하였다. 이 점은 바라문 계통의 사상가, 종교인들의 관행과는 다르다. 그들은 자녀나 특정한 제자들에게 비밀스럽게 가르침을 전수하였다. 그러나 붓다는 아낌없이 사람들에게 법을 전하였다. 누구에게나 개방된 설법은 인도종교사에서 최초의 일이었다.

붓다의 설법, 누구나 와서 확인해 보라

설법의 특징

1. 지금 당장 눈앞에 드러나는 법을 보여줌.
2. 알기 쉬워서 이해하는 데 시간이 걸리지 않음.
3. 적절한 비유를 많이 들어 설명해 줌.
4. 그때그때 상황에 따라 상대방의 수준에 맞춘 말씀
5. 슬기로운 이들은 스스로 알 수 있고 실천할 수 있음.
6. 논리적이고 간결함.
7. 누구에게나 와서 보라고 개방함.
8. 세상 사람 누구와도 다투지 않는 진리를 설함.

비유(opamma, upamā) 붓다의 설법이 갖는 특징 중 가장 두드러진 것이 적절한 비유의 사용이다. 비유에는 우리가 익숙하게 알고 있는 것을 통해 이해의 지평을 넓혀주는 탁월한 기능이 있다. 예를 들어 '독화살'의 비유, '갈대'의 비유, '거문고'의 비유나 '손가락과 달'의 비유 등에서 사용되는 소재는 모두 우리들이 일상에서 접할 수 있는 것들이다. 이렇듯 익숙한 소재를 통한 비유는 우리로 하여금 작게는 우리 자신의 일상을 되돌아보게 하고, 크게는 어떤 깨침을 얻게 하는 데 용이하다.

"이 세상은 영원한가? 영원하지 않은가? 사후의 세계는 어떠한가? 이에 대해 명확하게 답해 주지 않으면 수행을 하지 않겠습니다."

말룽끼야뿟따

붓다

"독화살을 맞으면 재빨리 화살을 뽑아내야 하건만, '이 화살이 어디에서 왔으며 누가 쏘았으며, 그의 출신이 무엇이며, 이 화살의 종류에 대해서 알지 못하면 화살을 뽑지 않겠다'고 하는 것과 같으니라."

열반을 향한 여정의 시작

붓다는 만년(80세)에 이르러 스스로 열반이 가까워져 오고 있음을 알고 고향 까삘라왓투를 향하여 80노구를 이끌고 마지막 교화의 여정(旅程)을 떠났다.

라자가하(왕사성) 영취산을 출발하여 첫 번째 도착지는 암바랏티까 동산이었다. 이곳 왕의 집에서 머물면서 "이것이 계율이다. 이것이 선정이고 지혜이다. 계를 실천했을 때 정(定)의 큰 이익과 과보가 있으며, 정을 실천했을 때 혜의 큰 이익과 과보가 있다"는 계정혜 삼학을 설하였다. 두 번째 도착지는 나란다, 빠와리까의 망고 숲이었으며, 세 번째 도착지는 빠딸리 마을, 네 번째 도착지는 갠지스강 나루, 다섯 번째 도착지는 꼬띠 마을, 여섯 번째 나디까 마을을 거쳐 일곱 번째 상업도시 웨살리에 도착해서 암바빨리의 망고 동산에서 잠시 머물렀는데, 유녀 암바빨리가 설법을 청하자, 붓다는 암바빨리에게 여러 가르침을 설하시어 그녀를 격려해 주었다.

웨살리에서 붓다는 아난다에게 "아난다야, 내가 웨살리 마을을 보는 것도 이것이 마지막이 될 것이다"라고 하여 이것이 마지막 교화의 여정임을 암시하였다.

이어 웰루와 마을로 이동하여 여름 안거를 지냈다. 이곳에서 안거 도중 심한 병에 걸렸는데, 그 고통은 죽음에 이를 만큼 컸다. '내가 승가와 신자들에게 아무 말 없이 반열반(입적)에 드는 것은 걸맞지 않는다.'라고 생각한 붓다는 정진력(精進力)으로 고통을 감내했다. 병을 견뎌낸 뒤, 붓다는 걱정하고 있는 아난다에게 '자등명 법등명(自燈明 法燈明)'의 설법을 하였다.

붓다의 마지막 여로

반열반에 들기 직전까지 진리를 일깨워준 붓다

⬇

80세에 열반이 가까워 옴을 알고 마지막 교화를 떠나시다.
(현재 환산 5~6월 경, 낮 최고 기온 섭씨 50도의 더운 날,
중생을 향한 자비심과 연민으로 교화를 떠나시다.)
노구를 이끌고 뜨거운 뙤약볕을 받으며 고향인 까삘라가 있는
북쪽을 향해 걸어가시면서 법을 설하심.

⬇

붓다의 마지막 교화의 여정

라자가하(영취산) 출발 ▶ 아마랏띠까 동산(계정혜 삼학에 대해
설함) ▶ 나란다 빠와리까의 망고 숲에 머뭄 ▶ 빠딸리 마을
▶ 갠지스 강 나루 ▶ 꼬띠 마을(4성제에 대해 설함) ▶ 나디
까 마을 ▶ 웨살리 암바빨리의 망고 동산에 머뭄. 릿차비 족
에게 설법. 비구들에게 사념처관 설법 ▶ 웰루와 마을. 인도의
우기 시작. 안거에 듬(안거 도중 병에 걸림. 아난다에게 자등명
법등명 설법) ▶ 반디 ▶ 핫띠 ▶ 빠와(대장장이 아들 쭌다의
공양을 받고 크게 병이 남) ▶ 꾸시나가라(사라쌍수 아래에서
열반에 드심)

열반 열반은 빨리어 닙바나
(nibbāna)의 음사어이다. 어원적으
로는 '불이 꺼진 상태'를 의미한다.
그래서 한역에서는 적멸(寂滅)로 번
역한다. 이에 근거해서 주석서에서
는 '번뇌로부터의 자유'라고 설명하
기도 한다. 열반의 성취는 모든 수
행자의 목표로 '해탈'과 같은 의미이
다. 하지만 수행자의 죽음을
'열반'으로 설명하기도 하고, 붓다
의 열반[죽음]을 완전한 열반이란
의미의 '반열반(parinibbāna)'이라
고 하여 일반 수행자의 열반과 구분
하기도 한다.

쭌다의 마지막 공양

붓다는 아난다와 함께 교화의 여정을 계속하여 반다 마을, 보가나가라를 거쳐 빠와(Pāvā) 마을에 이르렀다. 대장장이 아들 쭌다(Cunda)는 붓다가 오셨다는 소식을 듣고 반갑게 찾아가 예를 올린 뒤, "내일 공양을 올리고자 하오니 부디 비구들과 함께 오셔 달라"고 청했다. 쭌다는 정성스럽게 공양을 준비해 올렸다. 그 가운데 '수까라 맛다바'라고 하는 요리가 있었다.

'연한 돼지고기 요리' 혹은 '버섯 요리'라고도 하는데, 이 요리를 본 붓다는 쭌다에게 "이것은 모두 내 앞으로 가지고 오고 비구들에게는 다른 음식을 올리라"고 하였다. 이 음식을 먹은 뒤 붓다는 웰루와 마을에 이어 또다시 출혈과 설사를 동반한 복통을 경험했다. 무더위에 상한 요리 때문이었다. 붓다는 쭌다를 불러 "쭌다여, 이 남은 수까라 맛다바는 모두 구덩이를 파고 묻으라"고 하였다.

붓다는 다시 아난다 등 몇몇 제자들과 함께 꾸시나가라를 향하여 걸음을 재촉했다. 붓다는 꾸시나가라로 가는 도중에 한 나무 아래에 이르러, 아난다에게 "아난다야, 가사를 네 겹으로 깔아라. 피곤하니 쉬어야겠다. 아난다야, 목이 몹시 마르니 물을 길어다 다오"라고 말하였다. 그리곤 지나던 말라 족의 뿍꾸사(Pukkusa)에게 가르침을 주었다. 그 이후, 까꿋따 강을 거쳐, 히란냐바띠 강 건너편 언덕에 있는 꾸시나가라 근처 사라숲으로 향하였다.

붓다는 이제 더 이상 교화의 여정을 계속할 수가 없었다. 붓다는 아난다에게 말하였다. "아난다야, 사라쌍수 사이에 머리를 북쪽으로 한 자리를 만들어 다오. 피곤하니 누워야겠다." 그리고 붓다는 아난다에게 "지금 쭌다는 자신이 올린 공양으로 말미암아 붓다가 열반하게 되었다고 생각하면서 몹시 후회하고 있을 것이다. 그러니 가서 위로해 주어라"라고 당부하셨다. 또한 붓다는 말라 족들에게 붓다의 반열반을 알릴 것을 당부하였고, 이렇게 꾸시나가라는 붓다의 열반의 땅이 되었다.

쭌다의 공양을 드시고 완전한 열반에 들다

대장장이 아들 쭌다가 올린 공양을 드시다

'수까라 맛다바'라고 하는 요리의 진실
(연한 돼지고기 요리? 혹은 버섯 요리?)
전단나무에서 자라는 매우 맛있는 버섯 요리라는 게 정설.
돼지도 좋아하는 버섯이라서 이런 오해가 빚어진 것임.

이 요리를 본 붓다는 쭌다에게 말씀하셨다.
"이것은 모두 내 앞으로 가지고 오고 비구들에게는
다른 음식을 올리라. 남은 수까라 맛다바는 모두
구덩이를 파고 묻으라." 혼자 이 음식을 드신 뒤
출혈과 설사를 동반한 복통으로 괴로워함.

꾸시나가라 근처에 이르렀을 무렵 두 그루의 사라나무
사이에 몸을 기대고 앉으심. "아난다여, 피곤하니 쉬어야
겠다. 목이 몹시 마르니 물을 길어다 다오."

붓다는 사라나무 사이에서 완전한 열반에 들겠다고 말하시면서
아난다에게 당부. "지금 쭌다는 자신이 올린 공양 때문에
여래가 열반하게 되었다고 생각하면서 몹시 후회하고 있을 것
야. 너는 쭌다가 올린 공양은 경사스러운 일이요, 천계에
태어나는 공덕을 얻은 것이라고 위로해 주어라."

말라 족 말라(Malla, 末羅)는 기원
전 6세기 경, 북인도 16대국 가운
데 하나이다. 말라는 마가다 국의 북
쪽에 위치한 작은 나라였지만, 붓다
가 열반한 곳으로 유명한 나라가 된
다. 말라 족은 이 말라 국의 사람을
가리킨다.

수밧다 수밧다(Subhadda)는 붓다
최후의 제자이다. 그는 원래 꾸시나
가라(Kusināgarā)에 살고 있었던
바라문으로 유행자의 삶을 살던 사
람이었다. 붓다의 열반이 멀지 않았
다는 소식을 듣고 노구를 이끌고 붓
다를 찾아가 설법을 청해 듣고, 아라
한이 되었다. 그는 스승 붓다의 열반
을 차마 볼 수 없어, 붓다의 반열반
에 앞서 열반에 들었다.

붓다의 마지막 유훈

"아난다야, 그러므로 여기에서 그대들은 자신을 섬으로 삼고 자신을 의지처로 삼아 머물고, 남을 의지처로 삼아 머물지 말라. 법을 섬으로 삼고 법을 의지처로 삼아 머물고, 다른 것을 의지처로 삼아 머물지 말라."

이것을 '자등명 법등명(自燈明 法燈明)'의 가르침이라고 한다. 그러나 자등명 법등명은 붓다의 마지막 유훈이 아니다. 자등명 법등명은 웰루와 마을에서 심한 병을 이겨낸 뒤의 가르침이다.

'자등명 법등명'의 가르침 이후, 붓다는 수밧다를 마지막 제자로 받아들여 깨우침의 길로 인도한 뒤, 열반의 땅 꾸시나가라에서 마지막 유훈을 남겼다.

"아난다야, 그대들은 '스승의 가르침은 이제 끝났다. 이제 스승은 계시지 않는다'라고 생각할지 모른다. 하지만 그렇게 생각해서는 안 된다. 아난다야, 내가 가고 난 뒤에는 지금까지 그대들에게 가르친 법과 율이 그대들의 스승이 될 것이다."

그리고 제자들에게 궁금한 것이 있으면 어떤 내용이라도 좋으니 주저하지 말고 질문하라고 하였다. '스승이 계실 때 물어 볼 것을 제대로 여쭈어 보지 못했다'라고 후회하지 말고 물으라고 했으나 제자들은 침묵하고 있었다. 모두 지혜를 갖추고 있어서 질문할 내용이 없음을 확인한 붓다는 마지막 가르침을 전하였다.

"비구들이여, 이제 참으로 그대들에게 당부하노니, 존재하는 모든 것은 그 무엇이든 사라져 가기 마련이다. 그러므로 게으름 피우지 말고 열심히 정진하여라."

붓다, 마지막 가르침을 남기다

"비구들이여, 나는 곧 반열반(입멸)에 들 것야.
그러니 무엇이든 물어볼 것이 있으면 물어보라."

⬇

비구들

비구들은 평소 많은 가르침을 들어서 더 이상 여쭈어 볼 것이 없었다.
또한 곧 입멸한다는 말씀에 여쭙기 어려웠다.

⬇

붓다의 마지막 말씀

"비구들이여, 형성된 것은 그 무엇이든 소멸하기 마련야.
방일하지 말고 열심히 정진하여라."

반열반(입멸)

완전한 깨달음을 성취한 뒤, 45년간 뭇 생명들을 위해 끊임없이 설법했던 붓다는 마지막 순간에도 수밧다라고 하는 늙은 바라문을 제자로 받아들여 깨달음의 길로 이끌어 주었다. 뿐만 아니라 열반 바로 직전까지도 온 힘을 다해 가르침을 폈다. 붓다의 열반을 지켜보고자 모여든 제자들에게 '게으름 피우지 말고 열심히 정진하라'는 마지막 유훈을 남기고 꾸시나가라 교외에 있는 두 그루의 사라 나무(사라쌍수) 사이에 몸을 기댄 채 완전한 열반인 반열반(입멸)에 들었다.

붓다의 열반을 지켜본 제자들은 아난다와 아누룻다 존자를 비롯하여 당시 꾸시나가라 근처에서 머물고 있던 수행승들이었다. 이들은 붓다의 열반이 알려지자, "세존께서는 너무 빨리 반열반하시는구나. 선서(善逝)께서는 너무 빨리 반열반(입멸)하시는구나. 눈을 가진 분이 너무 빨리 세상에서 사라지는구나"라고 하면서 땅을 구르며 울부짖었다. 25년간 붓다를 모시고 다녔던 아난다 존자는 더욱 목을 놓아 울었다.

아누룻다 존자와 아난다 존자는 붓다의 유언대로 장례는 말라 족의 재가신자들에게 맡겼다. 붓다는 출가 수행자가 장례를 담당하는 것은 옳지 않다고 본 것이다. 또 붓다의 장례법은 전륜성왕의 장례법을 따랐다. 장례 절차를 마무리하고, 마지막으로 화장용 장작더미 위에 붓다의 존체를 올려놓았다. 그리고 빠와(Pāvā) 지방에 머물고 있었던 마하깟사빠 존자가 꾸시나가라로 와서 붓다의 존체에 예를 올린 뒤에, 불을 붙여 화장하였다.

반열반, 완전한 고요에 들다

열반, 완전한 도에 들다

열반은 번뇌의 소멸이고 반열반은 무여열반이라고도 하는데
완전한 열반으로서 육체까지 소멸된 상태를 말함

선서 빨리어 sugata의 번역어. '잘
가신 분'이라는 의미이다. 구체적으
로 "아름답게 가셨기 때문에, 좋은
곳에 가셨기 때문에, 바르게 가셨기
때문에, 그리고 바르게 말씀하시기
때문에 선서이다"라고 설명한다. 붓
다의 10대 명호 가운데 하나이다.

세수, 80세 29세 출가, 35세 성도

⬇

설법 교화 기간 45년 승납 51세

⬇

활동 지역
북인도

⬇

열반하신 곳
꾸시나가라 교외

⬇

열반 모습

두 그루의 사라 나무(사라쌍수) 사이에 몸을 가댄 채,
머리를 북쪽으로 두고

⬇

장례 담당
말라 족에게 맡김

이것은 붓다의 유언임.
즉, "장례는 말라 족 재가신자들에게 맡기라."

붓다의 장례 절차와 사리 분배

붓다가 꾸시나가라의 사라쌍수에서 열반에 들자, 아난다를 비롯한 출가 제자 등은 장례 일체를 붓다의 유언에 따라 말라 족 사람들에게 맡겼다. 그들은 음악과 춤, 노래로 붓다의 열반을 장엄하고, 붓다의 존체에 화환과 향으로 예를 올렸다. 그런 뒤에 도시 동쪽에 있는 마꾸따반다나라고 하는 말라 족의 탑묘에서 다비(화장)하기로 했다.

화장은 전륜성왕의 장례 절차에 따라 붓다의 유체를 새 천으로 감싼 뒤, 다시 새로운 솜으로 감쌌다. 이런 방법으로 500번 감싼 뒤에 황금으로 만든 기름통에 넣고 그것을 다시 다른 통으로 덮은 후, 온갖 향으로 장엄하고 향기로운 나무로 화장용 장작더미를 만들어 그 위에 붓다의 존체를 올려 놓았다. 그런 뒤 불을 붙여 화장을 진행한 뒤에 온갖 종류의 향수로 불을 껐다. 그리고나서 격자 모양의 통을 만들고 그 통을 벽을 만들어 둘렀다. 그 후 7일 동안 춤과 노래와 음악과 화환과 향으로 붓다의 사리를 장엄하고 예배하였다.

붓다의 열반 소식을 뒤늦게 들은 아자따삿뚜 왕을 비롯한 웨살리의 릿차비족, 사꺄 족, 알라깝빠의 불리, 라마가마의 꼴리야, 웨타디빠의 바라문, 빠와의 말라들도 꾸시나가라의 말라 족에게 사신을 보내어 각자 붓다의 사리를 요구하였다. 하지만 꾸시나가라의 말라 족 사람들은 자신들의 땅에서 열반에 든 붓다의 사리를 분배하지 않겠다고 했다. 이에 도나라는 바라문이 중재하여 사리를 여덟 나라에 공평하게 배분했다. 그러지 않고는 전쟁을 하게 될 것 같았기 때문이었다. 도나는 사리함을 받았다. 후에 삡빨리 숲에 사는 모리야 인들이 뒤늦게 소식을 알고 왔으나 분배 받을 사리가 없자 남은 재를 받아 갔다. 이로써 10개의 도시 한복판에 커다란 사리탑이 세워져, 사리탑 신앙이 널리 성행하게 되었다.

붓다의 장례 절차와 사리 분배

장례절차

주최: 붓다의 직계제자

주관: 말라 족 재가신자

전륜성왕의 장례법에 준함
1. 새 천으로 유체를 감싼 다음 솜으로 500번 감싼다.
2. 황금으로 만든 기름통에 넣은 다음 온갖 향으로 장엄한다
3. 화장용 장작은 향나무 사용
4. 그런 다음 붓다의 존체를 올려 놓음
5. 7일 동안 음악과 화환, 노래와 춤을 공양 드림

사리 분배

8등분하며 8개 나라에 분배

사리함을 세움

사리탑 신앙 시작

전륜성왕 전륜성왕은 짜까와띤 (cakkavattin)의 번역어이다. '진리의 수레바퀴를 굴리는 자'라는 의미로, 어떤 무력도 사용하지 않고 천하를 붓다의 가르침과 덕으로 통일하여 통치하는 이상적인 군주를 의미한다. 전륜성왕에게는 칠보(七寶)가 있다고 전한다.
칠보는 ① 윤보(輪寶, cakkaratana), ② 상보(象寶, Hatthiratana), ③ 마보(馬寶, Assaratana), ④ 보배보[寶貝寶, Maṇiratana], ⑤ 여인보(女人寶, Itthiratana), ⑥ 장자보(長子寶, Gahapatiratana), ⑦ 장군보(將軍寶, Pariṇāyakaratana)이다.

제 2 장

붓다의 가르침

중도는 입장 표명 보류나
기회주의가 아니다.
중도는 편협된
생각에서 벗어난
올바른 생각으로 글 정도.

중도(中道)

"여래는 양 극단을 떠나서 중도(中道)에 의해서 법을 설하신다."

중도는 극단적인 생각이나 행동을 배제하고, 균형 잡힌 생각과 행동을 취하는 것이다. 붓다는 녹야원에서 다섯 비구에게 처음으로 '고락중도(苦樂中道)'를 설하였다. 고락중도는 고행주의와 쾌락주의라는 양 극단에 치우치지 않음을 말한다. 고락중도 외에도 초기불교에는 두 가지 극단을 떠난 중도에 대해 강조하고 있다. "모든 것은 존재한다는 한 극단, 존재하지 않는다는 한 극단", "고통은 스스로 짓는 것이라는 한 극단, 고통은 다른 사람이 짓는 것이라는 한 극단" 등 양 극단은 고통에서 벗어나 열반으로 이끄는 데 도움이 되지 않기에 버려야만 한다는 것이다.

한편 '거문고의 비유'로 중도에 대해 설명하기도 했다. 조바심으로 치열하게 수행했지만 깨달음을 이루지 못해 차라리 환속하여 선행을 베풀며 사는 것이 더 좋지 않을까 생각하는 소나(Soṇa) 비구에게 붓다는 거문고 줄이 너무 팽팽하거나 너무 느슨해도 제 소리가 나지 않는 비유를 들어 균형 잡힌 수행의 중요성을 일깨워주었다.

중도는 글자 그대로 '가운데 길'을 의미하는 것은 아니다. 가운데 길을 의미한다면 그것은 매사에 중간을 고집하는 입장이 되고, 자칫 기회주의 같은 오해를 불러일으킬 수도 있다. 불교에서 말하는 중도는 당시 인도에서 유행하고 있던 쾌락주의와 고행주의라고 하는 양 극단에서 벗어나서 균형 잡힌 생각과 행동으로 수행하는 것이다. 그래야 존재의 실상을 올바로 볼 수 있고, 무상·무아·열반의 진리를 성취할 수 있기 때문이다. 수행은 물론이거니와 일상생활에서도 지나치거나 모자람이 없는 가장 균형감 있는 자세, 그 상황에서 가장 적절하고 알맞은 자세를 말하는 것이다. 그 구체적인 내용은 8정도(八正道)이다.

중도

대립의 두 극단으로부터 탈피
극단적인 행동과 사고를 벗어난
가장 올바른 시각 관점

고행주의(苦)
극단적인 고행은
깨달음에 도움이
되지 못함

중도

쾌락주의(樂)
즐거움과 욕망 추구는
깨달음을 크게
방해

고행 고행은 따뽀(tapo)의 번역어이다. 따뽀의 기본적 의미는 '열'을 의미하는데, 자이나교도들은 고행으로 인해 생겨난 열이 악업을 제거한다고 말한다. 한편 고행은 '종교적인 엄격주의'라는 의미로 이해할 수 있다.

균형 있는 자세
균형 잡힌 생활태도와
사고 방식

단(斷)
이 세계는 아무 것도
없다

상(常)
이 세계는 영원하다

구체적인 방법은 8정도
수행자가 취해야 할 바람직한 자세
올바르고 현명하게 사는 길

과유불급(過猶不及)
정도를 지나친 것은 미치지 못한 것과 같다는 말처럼
극단적인 고행과 쾌락주의는 다 문제가 있음
가장 올바른 길은 중도

중도는 입장 표명 보류나 기회주의가 아냐.
중도는 편협된 생각에서 벗어난 올바른 생각으로 곧 정도(正道).

8정도(八正道)

8정도는 바른 견해[正見], 바른 생각[正思], 바른 말[正語], 바른 행동[正業], 바른 생계수단[正命], 바른 노력[正精進], 바른 집중[正念], 바른 선정[正定]의 여덟 가지 바른 방법이라는 의미로, 앞서 살펴 본 중도의 내용이다. 수행자가 극단에 치우치지 않고 균형감 있도록 이끌어주는 방법이다.

바른 견해는 4성제(四聖諦, 고집멸도)에 대한 내용을 바로 아는 것을 말한다. 바른 생각은 악을 행하거나 남을 해치려는 생각을 하지 않는 것이며, 바른 말은 거짓말·이간질·악담·잡담을 하지 않는 것을 말한다. 바른 행동은 생명을 죽이거나 훔치거나 삿된 음행을 하지 않는 것이며, 바른 생계수단은 잘못된 방법으로 생계를 유지하지 않는 것을 말한다. 예컨대 출가자는 재가자의 보시를 받기 위해 점이나 해몽·고리대부업 등을 행해서는 안 되며, 재가자의 경우는 살생을 하는 업종, 무기·독극물 등을 다루는 직업을 가져서는 안 된다는 것 등이다. 즉 가능한 한 건전한 직업을 택해야만 죄를 적게 지을 수 있기 때문이다. 바른 정진은 사정근(四正勤)을 말하며, 바른 집중이란 사념처(四念處)를 말하고 바른 선정은 사선정(四禪定)을 말한다.

8정도는 진리에 대한 통찰과 윤리적 행위, 그리고 바른 수행방식으로 이뤄져 있는데 두 가지 측면에서 이해할 수 있다. 첫째는 바른 견해로부터 순차적으로 바른 선정으로 나아가는 방법이다. 이것은 바른 선정의 성취를 목적으로 이해하는 방식이다. 다른 하나는 계정혜(戒定慧) 삼학(三學)의 체계로 이해하는 방식이다. 우선 계(戒)에 해당하는 것은 바른 말바른 행동, 바른 생계수단이며, 정(定)에 해당하는 것은 바른 노력, 바른 집중, 바른 선정, 마지막으로 혜(慧)에 해당하는 것은 바른 견해와 바른 생각이다. 이는 지혜의 성취를 목적으로 이해하는 방식이다. 어떠한 이해방식이든 8정도는 해탈로 이끄는 수행도의 위상을 갖는다.

8정도

중도의 구체적인 실천 방법

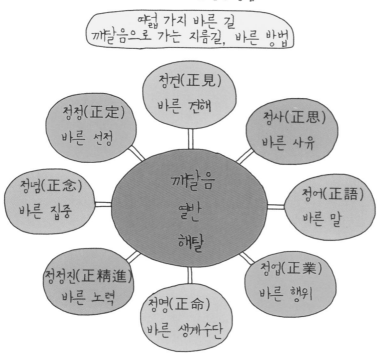

여덟 가지 바른 길
깨달음으로 가는 지름길, 바른 방법

정견(正見)
바른 견해

정사(正思)
바른 사유

정정(正定)
바른 선정

깨달음
열반
해탈

정념(正念)
바른 집중

정어(正語)
바른 말

정정진(正精進)
바른 노력

정명(正命)
바른 생계수단

정업(正業)
바른 행위

사정근 사정근(四正勤)은 바른 네 가지 노력이라는 의미이다. 사정단(四正斷)이라고도 한다. ① 단단(斷斷): 이미 생긴 악을 없애려고 노력하는 것. ② 율의단(律儀斷): 아직 생기지 않은 악이 앞으로도 생겨나지 않도록 노력하는 것. ③ 수호단(隨護斷): 아직 생기지 않은 선이 생기도록 노력하는 것. ④ 수단(修斷): 이미 생긴 선은 더욱 커지고 확고해지도록 노력하는 것.

8정도는 훌륭한 인격을 갖추는 길이다.
이 가운데 핵심은 정견이다.

4성제(四聖諦)

4성제(四聖諦)는 네 가지 성스러운 진리[諦]라는 뜻이다. 4성제는 연기법·중도 와 함께 붓다가 깨달은 내용으로, 가장 핵심적인 불교 교리이다. 고(苦)·집(集)·멸(滅)·도(道)의 네 가지를 말하는데, 각각의 내용을 살펴보면 다음과 같다.

1) 고성제(苦聖諦)　참된 진리를 알지 못하는 미혹한 생존은 고통(苦) 이라고 하는 진리.
2) 집성제(集聖諦)　욕망(=渴愛)과 무지(無知, 즉 無明, 어리석음)가 고통을 일으킨다는 진리.
3) 멸성제(滅聖諦)　욕망과 무지가 소멸된 상태가 고통이 멸한 경지 즉 열반이라는 진리.
4) 도성제(道聖諦)　이 고통의 소멸에 이르는 것은 바른 실천방법 즉 8정도에 의한다는 진리.

이 4성제 가운데 1) 고성제와 2) 집성제는 고통의 상태와 그 원인을 밝힌 것이 고, 3)멸성제와 4) 도성제는 깨달음의 상태와 거기에 이르는 방법을 제시한 것이다. 즉 고통이라는 사실과 깨달음의 두 측면이 4성제 속에 모두 설해져 있다.

따라서 4성제에서 고성제는 '삶의 참 모습이 고통과 괴로움임을 아는 것(知)' 이고, 집성제는 '고통과 괴로움의 원인이 되는 욕망과 무지를 끊어버리는 것(斷)' 이며, 멸성제는 '욕망과 번뇌의 소멸을 경험하는 것(證)'이고, 도성제는 '8정도를 실천하는 것(修)'을 그 특징으로 한다. 따라서 4성제란 현실에 대한 바른 인식을 기반으로 해서 바른 실천으로 나아가는 실천체계인 것이다.

4성제

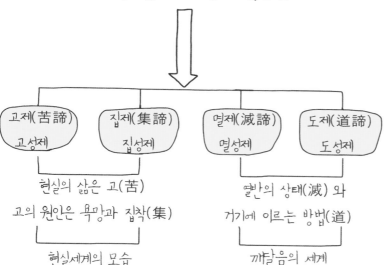

네 가지 성스러운 진리

진리란 참다운 이치로 변하지 않는다.

고제(苦 諦)	집제(集 諦)	멸제(滅 諦)	도제(道 諦)
고성제	집성제	멸성제	도성제

현실의 삶은 고(苦)

고의 원인은 욕망과 집착(集)

현실세계의 모습

열반의 상태(滅)와

거기에 이르는 방법(道)

깨달음의 세계

영원한 삶으로 가는 길,
그것은 4성제의 관찰과 실천야.

고통 고통은 둑카(dukkha)의 번역어이다. 둑카의 의미는 신체적 · 정신적으로 괴로운 상태를 의미하는데, 여기서 괴로운 상태란 '불만족스러운(unsatisfactory) 상태'를 말한다.

3법인(三法印)

'3법인(三法印)'은 말 그대로 '세 가지 진리의 도장'으로 불교적 진리관의 핵심을 한마디로 표현한 말이라고 할 수 있다. 즉 불교를 불교답게 만드는, 혹은 불교를 비불교적 가르침과 구별 지을 수 있는 기준을 세 가지로 명확하게 제시한 것이다.

3법인은 제행무상·제법무아·일체개고 세 가지를 말한다. 이것을 줄여서 무상(無常)·고(苦)·무아(無我)라고도 하는데, 붓다의 가르침을 세 가지로 정리한 것이다. 이들 각각의 내용을 살펴보면, 1) 제행무상(諸行無常) : '인연에 의해 만들어진 것은 모두 무상하다'는 가르침으로, 이 세상에 존재하는 모든 것은 영원한 것이 아니라 시시각각으로 변화해 간다는 것을 말한다. 2) 일체개고(一切皆苦) : '모든 것은 고통, 괴로움'이라는 가르침. 즉 모든 것은 영원하지 않고 무상하게 변해가기 때문에 결국 모든 것은 고통, 괴로움으로 귀결된다는 의미이다. 3) 제법무아(諸法無我) : '이 세상에 존재하는 모든 것에는 변하지 않는 실체(我)가 없다'는 가르침으로, 이것을 개인적인 차원으로 좁혀 보면, '나와 나의 것이라고 할 만한 것은 아무 것도 없다'는 것을 말한다.

여기에 열반적정(涅槃寂靜)을 덧붙여 '4법인'이라고도 한다. 즉 '모든 욕망과 번뇌가 사라진 열반의 경지, 깨달음의 경지는 고요하고 평온한 세계'라는 것이다. 경전에 따라서는 일체개고 대신에 열반적정을 넣어 3법인이라고 하는 경우도 있다.

'3법인'이라는 용어는 초기 빨리 니까야(nikāya)나 한역 아함경에는 등장하지 않지만, 그 내용이 빨리어 경전인 『담마빠다(법구경)』와 『테라가타(장로게)』, 그리고 한역 『잡아함경』 등에 나온다. 따라서 이들 내용은 아주 일찍이 붓다가 가르친 핵심적인 내용으로 널리 알려졌음을 알 수 있다.

3법인

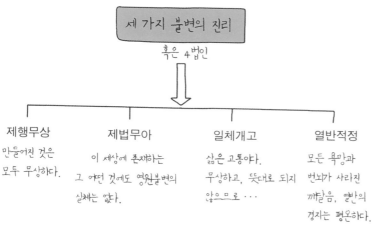

세 가지 불변의 진리

혹은 4법인

제행무상	제법무아	일체개고	열반적정
만들어진 것은 모두 무상하다.	이 세상에 존재하는 그 어떤 것에도 영원불변의 실체는 없다.	삶은 고통야. 무상하고, 뜻대로 되지 않으므로 ...	모든 욕망과 번뇌가 사라진 깨달음, 열반의 경지는 평온하다.

3법인의 두 가지   1. 제행무상, 제법무아, 일체개고
                  2. 제행무상, 제법무아, 열반적정

4법인   제행무상, 제법무아, 일체개고, 열반적정

현실의 삶을 직시해보라.
그것은 무상·고·무아야.
그러므로 니르바나를 찾아라.

담마빠다(법구경) 초기불교 경전 중에서도 숫따니빠따와 함께 가장 빨리 성립된 것으로 알려져 있다. 담마빠다. '진리의 언어'라는 경전 제목처럼 운문 형식의 시구로 이루어져 있다. "원망은 원망으로써 결코 평화로워질 수 없다. 원망을 버림으로써 평화로워지는 것이다. 이것은 영원한 진리이다"라는 내용에서도 알 수 있듯이 전문용어를 사용하지 않고 누구나 알기 쉽고 명료하고 간결한 표현으로 붓다의 가르침을 설명하고 있다.

테라가타(장로게) 붓다 재세 시에 학덕과 수행을 겸비한 비구스님들이 붓다에 대한 찬탄과 수행 과정, 그리고 출가 이전의 과거를 회상하는 내용 등을 게송으로 표현해 놓은 것. 중앙아시아에서 발굴된 사본에는 북방 유부 계통으로 보이는 산스끄리뜨본의 일부가 남아 있으며, 적어도 기원전 3세기 전에는 성립된 것으로 알려져 있다. 비구스님들의 게송을 모아놓은 테라가타(장로게)는 1279편의 게송으로 이루어져 있고, 비구니스님들의 게송을 모아놓은 테리가타(장로니게)는 522편의 게송으로 이루어져 있다.

업(業)

업(業)은 까르마(karma)의 번역어로 고대의 인도 사회가 갖고 있던 공통된 사유방식이었다. 업의 가장 기본적인 의미는 '인간 삶의 전반에서 이루어지는 모든 행동'을 의미한다. 현재 처한, 혹은 담당해야 할 '숙명'이나 '운명', 과거의 '나쁜 행위에 대한 그에 상응하는 결과'를 의미하기도 한다. 그래서 일반적으로 업은 '운명론'적이라는 측면이 강한 관념으로 받아들이는 경향이 있다. 하지만 불교는 이러한 운명론적 업 관념을 강력하게 비판한다. 불교의 업 관념은 현재 내가 어떤 선택을 하여 업을 만들어갈 것인지에 초점이 맞추어져 있기 때문이다.

이러한 업은 세 가지로 구분된다. 즉 몸으로 행하는 행위[身業], 말로 행하는 행위[口業], 마음으로 행하는 행위[意業]이다. 이 세 가지 업 가운데 자이나교와 바라문교는 신업(몸으로 하는 행위)을 가장 중요시했다. 그러나 붓다는 의업을 가장 중요한 것으로 보았다. 즉 모든 행위의 저변에는 마음의 '의도'가 작용한 결과라고 본 것이다. 그래서 붓다는 의도가 결여된 행위는 업을 형성하지 않는다고 보았다. 이러한 업 관념의 차이는 수행론의 차이로 나타나는데, 신업을 중시한 자이나교는 고행(苦行)을 통해 업을 없애는 고행주의를 택하게 되었고, 붓다는 마음의 번뇌를 제거하여 지혜를 밝혀 업을 제거하는 방식을 택하였다.

업은 다시 불공업(不共業)과 공업(共業)으로 구분하기도 한다. 불공업이란 업을 다른 사람과 공유하지 않고 자신이 행한 행위의 과보(결과)는 자신이 받는다는 뜻이다. 이에 반해 공업이란 모든 사람에게 공통하는 업이다.

예를 들어 한국 사람은 모두 한국의 역사와 문화, 정치, 경제, 환경을 공유하는 것을 말한다. 일본의 경우 지진이 많이 일어나는데, 이것은 일본인이라면 누구나 똑같이 겪게 되는 것과 같은 것이다. 나아가 인류는 지구라는 환경에서 살아가는 공통된 업을 갖고 있다. 불공업과 공업은 동일한 환경에서 태어나 자랐지만, 각각의 개인이 서로 다른 삶을 살아가는 이유를 설명해 준다.

업(까르마)

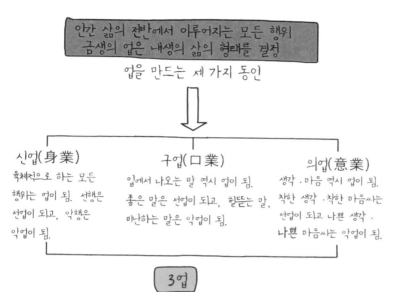

안간 삶의 전반에서 이루어지는 모든 행위
금생의 업은 내생의 삶의 형태를 결정

업을 만드는 세 가지 동인

신업(身業)
육체적으로 하는 모든
행위는 업이 됨. 선행은
선업이 되고, 악행은
악업이 됨.

구업(口業)
입에서 나오는 말 역시 업이 됨.
좋은 말은 선업이 되고, 힐뜯는 말,
바란하는 말은 악업이 됨.

의업(意業)
생각·마음 역시 업이 됨.
착한 생각·착한 마음씨는
선업이 되고 나쁜 생각·
나쁜 마음씨는 악업이 됨.

3업

선업은 좋은 결과를 초래
악업은 나쁜 결과를 초래

무엇이 선이고 악인지 구분이 잘 안 되는 분은 부처님 말씀에 가준하면 된다.

의도 의도(意圖, cetanā)는 사(思),
혹은 의사(意思)로도 번역된다. 7가
지 정신적 요소(cetasikā, 心所)가
운데 하나이기도 하다. 불교에서는
어떤 특정한 의도를 갖고 이루어지
는 행위가 업을 이룬다고 보는데, 이
때 의도는 의식된 것과 무의식 속에
잠재되어 있는 것을 포괄한다.

무아(無我)의 가르침

불교가 다른 사상이나 종교와 극명하게 다른 점이 있다면, 그것은 아마도 자아 관념을 부정하는 무아(無我, anattā)의 가르침일 것이다. 무아는 개인적인 자아(영혼)의 부정임과 동시에, 존재하는 모든 것들에게는 영원불변한 실체가 없다는 가르침이다. 무아의 가르침은 초전법륜에도 나온다. 붓다는 교진여 등 다섯 비구에게 먼저 중도를 가르치고, 이어 8정도, 4성제를 설한 뒤에 마지막에 5온무아(五蘊無我)의 가르침을 설하였다.

한편 무아(無我)는 비아(非我)라고도 번역한다. 비아라고 번역할 경우 어떤 자아(영혼)가 긍정되는 것으로 해석될 수 있다고 하지만, 그렇지는 않다. 왜냐하면 붓다는 인간을 5온(五蘊), 즉 다섯 가지 요소들의 집합일 뿐이라고 설하였기 때문이다. 5온이란 색(色, 물질)·수(受, 감각작용)·상(想, 개념작용)·행(行, 형성)·식(識, 식별작용)을 말한다. 무아가 되었든, 비아가 되었든 의미상 차이는 없다. 불교에서는 이 다섯 가지 이외에 여섯 번째를 인정하지 않기 때문이다.

또한 자아 관념의 부정은 의식의 근원에 자리한 소유개념의 뿌리를 제거하는 것이기도 하다. 진리의 관점에서 보면 '나(我)'와 '나의 것(我所)'이라고 집착할 아무런 근거가 없음을 제시한 것이다. 이를 경전에서는 다음과 같이 설하고 있다.

"색[수·상·행·식](五蘊)은 무상(無常)하다. 그리고 무상한 것은 고(苦)이다. 고인 것은 무아(無我)이다. 무아인 것은, 그것은 내 것이 아니고, 이것은 내가 아니고, 나의 자아가 아니다"라고, 이와 같이 있는 그대로 바른 지혜로 보아야 한다. 무상과 무아의 가르침을 허무주의로 오해하면 안 된다. 모든 것은 무상하기 때문에, 그리고 모든 존재는 '나의 것'이라고 할 수 있는 것이 없기[無我] 때문에, 오히려 지금 우리에게 주어진 이 삶을 더욱 치열하고 소중하게 살아야 함을 의미한다.

무아

자아 관념의 부정

> 영혼이나 아뜨만 혹은 그와 같은 존재는 없다.
> 영원불변의 고정적인 실체는 없다.

↓

개인적인 자아(영혼)의 부정임과 동시에
모든 존재하는 것들에게도 영원 불변하는 실체는 없다.

무아의 논리적 전개
5온무아(五蘊無我)

↓

5온(五蘊)

- 색(色: 육체, 물질)
- 수(受: 감각, 감수작용)
- 상(想: 개념작용)
- 행(行: 의지작용)
- 식(識: 식별작용)

> 색은 육체이고, 수상행식은 정신을 가리킴. 인간이 죽으면 육체는 썩고 정신은 흩어짐. 여기에서 영원한 것, 고정적인 실체를 발견할 수 없다. 인간이란 5온이 일시적 · 한정적으로 모인 집합체일 뿐야.

무아(無我): 무아는 아뜨만을 부정하는 것으로
불교와 힌두교 등 타종교와 극명하게 차별되는 사상야.

> 자신을 내세우지 않으면
> 다툼은 사라진다.

5온무아 '5온(色·受·想·行·識)에는 나라고 할 만한 것이 없다'라는 뜻이다. 불교에서는 인간을 5온으로 이루어진 존재로 파악한다. 그것은 곧 물질(색)과 정신(수상행식)으로 이루어진 것으로 이해한다는 것이다. 따라서 육체와 정신 그 어떤 것에도 영원불변의 영혼과 같은 '나'라는 것은 없다는 것이다. 자세한 내용은 제 2장 '5온' 항을 참조하라.

연기(緣起)의 법칙

연기(緣起)는 '의존하여 발생한다'라는 의미로, 영어에서는 dependent origination(의존적 발생)이라고 번역한다. 연기의 의미를 잘 나타내 주는 정형적인 표현이 있다. 즉 "이것이 있으므로 저것이 있고, 이것이 없으므로 저것도 없다. 이것이 일어나면 저것이 일어나고 이것이 소멸하면 저것도 소멸한다"이다. 바로 이것이 불교에서 말하는 연기 법칙의 기본적인 내용이다.

연기의 기본적인 특성을 한마디로 표현하면 '상의상관성(相依相關性)'이라고 할 수 있다. 존재하는 모든 것은 서로 의지하며 관련되어 있는 것으로, 독자적으로 존재하는 것이 아님을 의미한다. 연기는 붓다의 근본사상을 표현한 3법인(제행무상, 일체개고, 제법무아)과 완전히 동일한 표현이다.

연기의 법칙은 모든 존재가 생성했다가 사라지는 원인을 밝힘과 동시에, 고통이 생기는 원인과 그 원인을 소멸시키는 방법을 제시함으로써 근원적으로 고통을 종식시킬 수 있는 이론이다. 또한 현대 사회와 관련을 지어 해석한다면 연기는 공존을 의미한다. 모든 존재는 독립적으로 존재할 수 없으므로 독선보다는 함께 공존하는 길을 택해야 함을 제시한 것이기도 하다.

경전에서는 연기의 종류에 대하여 아홉 가지 조목의 연기[九支緣起], 열 가지 조목의 연기[十支緣起], 열두 가지 조목의 연기[十二支緣起] 등 다양한 형태가 기술되어 있는데, 이 가운데 12지연기가 일반적으로 가장 잘 알려져 있다.

12지연기는 무명(無明)을 조건으로 행(行)이 있고, 행을 조건으로 식(識)이 있으며 식을 조건으로 명색(名色)이, 명색을 조건으로 육입(六入), 촉(觸), 수(受), 애(愛), 취(取), 유(有), 생(生), 노사(老死)가 상호 의존 관계에서 연달아 일어나고 있는 12단계의 구조를 나타낸 것이다. 늙음과 죽음이 현실적인 고통의 내용이라면, 그 가장 근본적인 원인은 바로 무명 즉 무지와 어리석음에서 비롯된 것임을 보여준다.

연기의 법칙

의존적 발생(dependent origination)

모든 것은 상호 의존 관계에 의하여 발생

이것이 있으면 저것이 있고
이것이 없으면 저것이 없다   (상윳따니까야 12)
이것이 일어나면 저것이 일어나고
이것이 소멸하면 저것이 소멸한다

괴로움(고통)은 어리석기 때문에 발생한다.
그러므로 그 원인을 제거하면 괴로움은 사라진다.

연기(緣起) 빨리어 빠띠짜삼우빠다(Paṭicca-samuppāda)의 번역어. 모든 현상이 일어나고 소멸하는 법칙. 모든 존재가 서로서로 원인과 조건에 의지하여 생기고 사라진다는 관계성을 세우는 연기는 핵심적인 불교사상이다. "연기를 보는 자는 법을 보고 법을 보는 자는 연기를 본다"는 붓다의 말씀에서도 볼 수 있듯이 연기를 깨닫는 것이 깨달음의 잣대가 되었다.

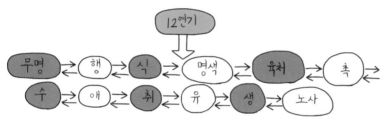

12연기

무명 → 행 → 식 → 명색 → 육처 → 촉 →
수 → 애 → 취 → 유 → 생 → 노사

'→'는 무명(어리석음)으로 말미암아 노사까지 고통(괴로움)이 발생하는 12단계를 설명하는 것이고,
'←'는 반대로 노사에서 무명까지 고통을 소멸시키는 단계를 설명한 것임.

번뇌

번뇌(煩惱)는 빨리어로 낄레사(kilesa)라고 하는데, '해탈·열반·깨달음'의 길을 방해하는 가장 큰 걸림돌이다. '108번뇌'라는 말도 있듯이 108가지 번뇌가 있다고 한다. 일반적으로 6근(六根; 안·이·비·설·신·의)이 6경(六境; 색·성·향·미·촉·법)을 대상으로 각각 호(好; 좋음)·오(惡; 나쁨)·평등(平等; 좋지도 않고 나쁘지도 않은 것)의 세 가지를 일으키므로 12×3=36번뇌, 여기에 과거·현재·미래 3세를 곱해[36×3세] 108번뇌가 된다.

번뇌 중 '탐욕(貪, rāga)·성냄(瞋, dosa. 증오, 질투, 분노)·어리석음(moha. 無知)'은 가장 큰 번뇌로서 '3독 번뇌(三毒煩惱)'라고 한다. 탐욕과 유사한 용어로는 땅하(taṇhā), 롭하(lobha), 삐하루(pihālu), 긷다(giddhā) 등이 있다. 땅하는 갈애(渴愛)라고 하는데 목마른 자가 물을 구하듯이 간절하게 욕망의 대상을 갈구하는 것을 의미한다. 롭하는 '색을 밝히다, 음탕하다'라는 뜻이고, 삐하루와 긷다도 성적 욕구와 관련된 글에서 자주 사용된다. 이는 곧 성적 욕구·탐욕이 수행에 있어서 가장 심각한 장애물임을 말하는 것이다. 이 외에도 자만심·열등감과 같이 남과 비교하는 것도 번뇌로 분류되며, 게으름·인색함·의기소침(혼침)·격한 설레임(도거) 등도 다 번뇌이다.

아비달마 시대에 들어서면, 탐·진·치·만·의·견(貪瞋癡慢疑見)의 여섯 가지를 근본번뇌, 혹은 6수면(六隨眠)으로 분류하고, 이외에도 6대번뇌지법, 10소번뇌지법, 2대불선지법, 부정법 등으로 번뇌를 아주 세세하고 복잡하게 분석하고 분류한다.

이렇게 번뇌를 자세하게 분석하고 분류하는 것은 번뇌야말로 뭇 생명들을 고통의 바다로 유인하는 가장 큰 원인이라고 보았기 때문이다. 그리고 번뇌에서 벗어나야 '깨달음', 열반락을 성취할 수 있기에, 시대와 장소가 바뀌어도 번뇌는 불교의 영원한 테마라 할 수 있다.

번뇌, 고통으로 이끌다

번뇌는 해탈, 열반, 깨달음의 길을 가로막음

번뇌의 수장(대장)

3독 욕망·분노·어리석음(무명)의 세 가지 근본 번뇌를 독에 비유한 것이다.

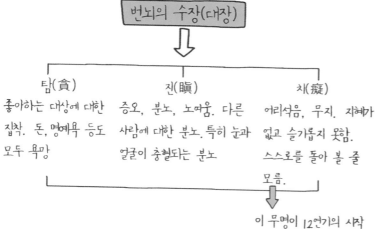

탐(貪)	진(瞋)	치(癡)
좋아하는 대상에 대한 집착. 돈, 명예욕 등도 모두 욕망	증오, 분노, 노여움. 다른 사람에 대한 분노. 특히 눈과 얼굴이 충혈되는 분노	어리석음, 무지. 지혜가 없고 슬기롭지 못함. 스스로를 돌아 볼 줄 모름.

이 무명이 12연기의 시작

3독(三毒)

이 세 가지를 3독이라 한다.

수행자에게는 가장 극복하기 어려운 세 가지, 동시에 극복해야 할 과제

3독 번뇌 밑에 새끼번뇌로 108가지의 번뇌가 있다.

열 가지 번뇌

번뇌를 분류하는 방식이 다양하다는 것은 앞서 살펴보았다. 그중에서 10가지 번뇌, 즉 10결(十結)의 내용과 그 의미에 대해서 구체적으로 살펴본다. 10결은 아라한(성자)이 되기 위해 끊어야 하는 번뇌를 말한다. 즉 10가지 번뇌를 얼마만큼 끊었는가에 따라 예류, 일래, 불환, 아라한의 성자가 된다.

10결은 크게 5하분결(五下分結)과 5상분결(五上分結)의 두 가지로 구분된다. 5하분결은 아래에 위치하고 있는 다섯 가지 번뇌로서 '의심(疑), 유신견(有身見), 계금취견(戒禁取見), 탐욕(貪), 분노(瞋)'이다. 의심은 붓다의 가르침에 대한 불신이고, 유신견은 고정 불변하는 실체적인 '자아'가 있다고 생각하는 견해이며, 계금취견은 불교에서 인정하지 않는 잘못된 습관이나 신념에 근거하는 견해를 말한다. 탐욕은 주로 이성에 대한 욕정과 같은 거칠고 격렬한 욕망을 말한다. 욕계(欲界)의 원인이 된다고 해서 욕탐(欲貪)이라고도 한다. 분노는 자신의 감정을 컨트롤하지 못하여 일어나는 성냄·증오·혐오를 말한다.

5상분결은 색탐(色貪), 무색탐(無色貪), 만(慢), 도거(掉擧), 무명(無明)의 다섯 가지 번뇌를 말한다. 색탐은 색계에, 무색탐은 무색계에 태어나고자 하는 욕망을 의미한다. 그리고 만(慢)은 내가 최고라고 여기는 교만심을 말한다. 남과 비교하는 것 일체를 의미하므로 열등감도 만의 일종이다. 도거란 마음이 들뜨는 것으로, 요즘말로 하면 감정이 업(up)되어 들뜬 상태를 말한다. 만과 도거가 없어졌다는 것은 마음이 언제 어느 상황에서나 늘 평온의 상태를 유지하게 되었음을 의미한다. 그리고 마지막으로 무명(無明, 근본 번뇌)을 제거함으로써 대상을 있는 그대로 여실하게 파악할 수 있게 된다.

열 가지 번뇌

탐·진·치 3독 번뇌에 7가지 추가

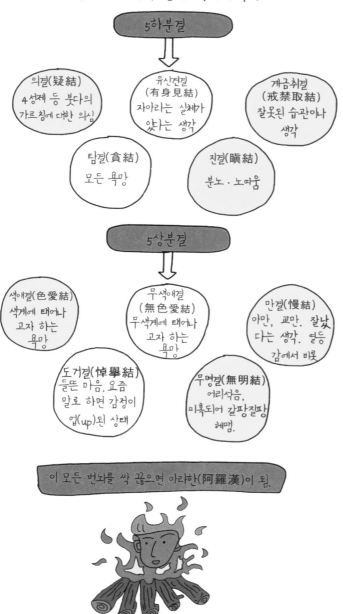

5하분결

의결(疑結)
4성제 등 붓다의 가르침에 대한 의심

유신견결
(有身見結)
자아라는 실체가 있다는 생각

계금취결
(戒禁取結)
잘못된 습관이나 생각

탐결(貪結)
모든 욕망

진결(瞋結)
분노·노여움

5상분결

색애결(色愛結)
색계에 태어나고자 하는 욕망

무색애결
(無色愛結)
무색계에 태어나고자 하는 욕망

만결(慢結)
아만, 교만, 잘났다는 생각. 열등감에서 비롯

도거결(悼擧結)
들뜬 마음. 요즘 말로 하면 감정이 업(up)된 상태

무명결(無明結)
어리석음, 미혹되어 갈팡질팡 헤맴.

이 모든 번뇌를 싹 끊으면 아라한(阿羅漢)이 됨.

3결(三結) 3결(tīṇi sam̐yojanāni)은 '의심', '유신견', '계금취견'을 말한다. 이 삼결을 끊으면 예류성자가 된다. 결(結, samyojana)은 일반적으로 '족쇄'로 번역되는데, 번뇌를 나타내는 용어 가운데 하나이다.

5온(五蘊)
─ 인간이란 무엇인가 ─

5온(五蘊, pañca-khandha)은 인간을 구성하는 색(色, rūpa)·수(受, vedanā)·상(想, saññā)·행(行, saṃkhāra)·식(識, viññāṇa)의 다섯 가지 요소를 말한다. 색은 물질적 요소로서 감각적이고 직관적인 것을 의미한다. 여기에는 소리·냄새·맛·감촉(聲·香·味·觸)도 포함된다. 수는 감각작용을 의미하며, 즐거운 느낌(樂受)·고통스러운 느낌(苦受)·중립적인 느낌(不苦不樂受)으로 세분된다. 상은 개념작용을 의미하며, '지각' 혹은 '표상'이라고 해석되기도 한다. 감각된 내용의 특성을 이미지화하여 포착하는 작용을 한다. 행은 위작(爲作)으로도 번역되는데, 형성(形成)하는 작용을 의미한다. 식은 의식 혹은 인식 등으로 해석되지만 5온의 하나로서의 식은 '구별하여 아는 작용'을 의미한다.

이러한 5온은 5음(五陰) 혹은 5중(五衆)으로도 번역된다. 인간을 몇 가지 요소로 구성된 것으로 이해하는 방식은 인도의 종교전통에서는 일반적이었다. 예를 들어, 아지따 께사깜발린(Ajita Kesakambalin)은 인간을 지·수·화·풍의 4대로 이루어진 존재로 파악했고, 빠꾸다 깟짜야나(Pakudha Kaccāyana)는 지·수·화·풍·고·락·영혼(地·水·火·風·樂·苦·靈魂)으로 되어 있다고 주장하였다. 다른 사상가들 역시 요소의 수만 다를 뿐 대동소이하다. 이들의 공통점은 불멸의 영혼을 상정하거나 물질만이 본질이라는 입장을 취하고 있다.

그러나 붓다가 말씀하신 5온설은 인간의 본질이 무엇인가를 밝히는 것이 아니라, 인간은 연기적 존재로서 무아임을 밝히는 것이다. 그래서 '5온무아', 즉 5온으로 이루어진 '나'에게는 고정적인 실체가 없으며, 끊임없이 변화하는 무상한 존재라는 의미가 5온무아의 의미인 것이다. 따라서 5온으로 인간을 분석한 것은 인간에게 어떤 특별하고 영원한 그 무엇이 있다는 막연한 기대심리를 버리고 인간의 여러 문제를 지금 여기에서 해결하고자 하는 현재성을 부여한 것이기도 하다. 그렇기에 '나'와 '나의 것'이라는 집착에서 벗어날 수 있는 것이다.

인간은 연기적 존재다

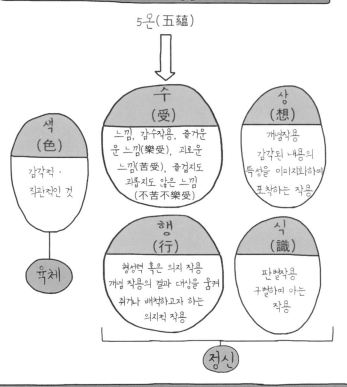

안간이라고 하는 존재는 다섯 가지로 구성되어 있다.
(다섯 가지의 집합체)

5온(五蘊)

색
(色)

감각적·
직관적인 것

육체

수
(受)

느낌, 감수작용, 즐거운
느낌(樂受), 괴로운
느낌(苦受), 즐겁지도
괴롭지도 않은 느낌
(不苦不樂受)

상
(想)

개념작용
감각된 내용의
특성을 이미지화하며
포착하는 작용.

행
(行)

형성력 혹은 의지 작용
개념 작용의 결과 대상을 움켜
쥐거나 배척하고자 하는
의지적 작용

식
(識)

판별작용
구별하여 아는
작용

정신

5온 인간은 크게 육체(색)와 정신(수·상·행·식) 두 가지로 구성되어 있고
세분하면 다섯 가지(5온)야.

5온 무아 그러나 이 5온 속에는 영원토록 변하지 않는 자기, 즉 '나(我, 영혼,
아뜨만)'라고 할 수 있는 것이 없다.

아지따 께사깜발린, 빠꾸다 깟짜야나
이들은 붓다 당시 활동하던 6사외
도에 속한다. 기본적으로 이들은 인
과를 부정하는 유물론자에 속한다.
아지따 께사깜발린은 현세만을 긍
정하는 현실주의적 경향이 강하여
'로까야따(lokāyata)'라고 불리는
데, 한역에서는 '순세외도(順世外
道)'라고 전한다. 한편 빠꾸다 깟짜
야나는 극단적인 도덕부정론자로
유명하다.

12처(十二處)와 18계(十八界)
— 일체란 무엇인가 —

일체(一切)란 '이 세상에 존재하는 모든 것'을 의미한다. 붓다는 스스로를 일체지자(一切智者), 곧 일체를 아는 자라고 표현한다. 그리고 일체란 다름 아닌 '12처'라고 선언한다. 12처 이외의 것을 일체라고 하면 그것은 말장난(戲論)일 뿐이라고 단언한다. 여기서 12처(十二處, dvādasa-āyatanāni)란 6개의 감각기관과 6개의 감각대상을 말한다. 즉 사람의 '눈·귀·코·혀·몸·인식기관(眼耳鼻舌身意의 6근)'과 각 감각기관의 대상이 되는 '형체·소리·냄새·맛·촉감·법(色聲香味觸法의 6경)'을 12처라고 말한다.

여섯 가지 감각기관을 6근(根)이라고 하고, 감각대상을 6경(境)이라고 한다. 6근은 6경을 인식하는 주관에 해당하고, 6경은 6근에 의해 인식되는 객관을 말한다. 즉 이 세상에 존재하는 모든 것은 주관적인 인식 기관과 객관이 되는 대상이 함께 할 때 비로소 현상계의 모든 존재가 성립된다고 보는 것이다. 즉 눈으로 형체를 보고, 귀로 소리를 듣고, 코로 냄새를 맡고, 혀로 맛을 보며, 몸으로 촉감을 느끼고, 인식기관(意)을 통해 법을 포착하는 것이다. 여기서 법이란 추상적 개념을 말하는 것으로 예를 들면 '사랑, 증오, 아름다움, 추함' 등을 가리킨다.

18계(十八界, aṭṭhārasa-dhātuyo)란 12처에 '안식(眼識), 이식(耳識), 비식(鼻識), 설식(舌識), 신식(身識), 의식(意識)'의 6식(六識)을 더한 것을 말한다. 계(dhātu)란 영역을 의미한다. 따라서 18계는 인식기관(6근)과 인식대상(6경), 인식작용(6식)의 세 가지 영역으로 이루어진다. 즉 눈을 통해 형체를 보면, 이에 상응하는 의식이 발생하는데 이것이 곧 안식이 된다. 나머지도 역시 동일하게 적용된다.

이것은 이 세상에 존재하는 모든 것은 인식 주관이나 인식 대상만으로는 존재할 수 없고, 이들이 서로 관계할 때 비로소 존재할 수 있음을 의미한다.

일체란 무엇인가

일체란 이 세상에 존재하는 모든 것

12처(處)와 18계(界)
12처: 6근(六根)과 6경(六境)
18계: 6근과 6경에 6식(六識)을 추가하여 18계라고 함

⬇

6근	눈	키	코
	눈의 대상은	키의 대상은	코의 대상은
6경	형체	소리	냄새
6식	안식	이식	바식
	눈으로 형체를 보면 이에 상응하는 의식이 발생	키로 소리를 들으면 이에 상응하는 의식이 발생	코로 냄새를 맡으면 이에 상응하는 의식이 발생

6근	혀	몸	인식기관
	혀의 대상은	몸의 대상은	생각, 인식의 대상은
6경	맛	촉감	존재
6식	설식	신식	의식
	혀로 맛을 보면 이에 상응하는 의식이 발생	몸, 육체로 접촉하면 이에 상응하는 의식이 발생	생각으로 대상(존재)을 만나면 이에 상응하는 의식이 발생

6근이 6경을 만나면 안식, 의식, 생각이 발생함.
인간들의 생각은 모두 6근+6경의 산물인 6식임.

법 법(法, dhamma)은 다양한 의미를 지닌 개념이다. 일반적으로 '붓다의 가르침'을 의미하기도 하고, '진리'나 '법칙', '현상'을 가리키기도 한다. 6경(六境, 色·聲·香·味·觸·法)에서는 '마음(意)'의 대상이 되는 일체를 의미한다.

두 종류의 열반

열반을 빨리어로는 닙바나(nibbāna), 산스끄리뜨어로는 니르와나(nirvāṇa)라고 한다. '(번뇌의) 불이 꺼진 상태'를 의미한다. '불'은 경전에 나오는 "저기 세상이 불타고 있구나"에서 말하는 의미와 같다. 따라서 열반이란 '모든 번뇌가 소멸된 이상적인 상태'를 말한다. 번뇌가 소멸된 상태를 달리 적정(寂靜)이라고도 표현한다. 마음이 번뇌에 의해 소란스럽지 않고, 아주 고요하고 평온한 상태를 말한다.

그런데 열반의 의미가 전화(轉化)되어 '죽음'과 동의어로 쓰이기도 한다. 일반적으로 스님들의 죽음을 '열반'이라고 부르는 데에서도 알 수 있다. 하지만 열반의 일차적인 의미는 수행의 완성을 의미한다.

한편 붓다의 입멸(入滅)을 표현할 때에는 그냥 열반이라고 하지 않고, '반열반(般涅槃, parinibbāna)'이라고 표현한다. 반열반은 완전한 열반이라는 의미로서, 육체까지 여읜 열반을 가리킨다. 이를 통해 열반에는 두 가지 의미가 있음을 알 수 있다.

첫째는 살아 있는 상태에서 열반을 성취하는 것과 둘째는 죽음을 통해 열반을 완성하는 것이다. 이것을 전문술어로 유여의열반(有餘依涅槃, saupādisesā nibbāna)과 무여의열반(無餘依涅槃, anupādisesā nibbāna)이라고 한다. 전자는 찌꺼기가 남아 있는 열반을 의미한다. 즉 열반을 성취했지만 육체라는 제한을 갖고 있어, 식욕이나 수면욕 등 가장 기본적인 욕망이 남아 있음을 말한다. 반면에 무여의열반은 찌꺼기가 남아 있지 않은 열반, 즉 육체의 소멸을 통해 완전한 열반을 성취함을 말한다.

두 종류의 열반

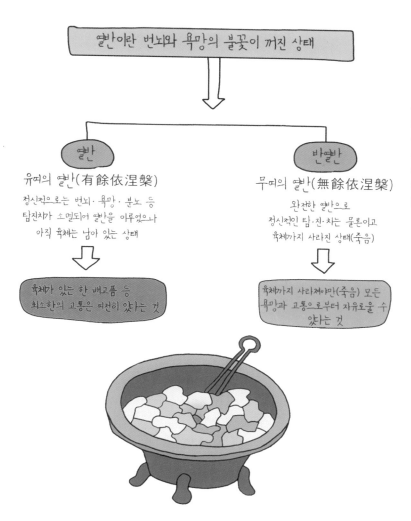

열반이란 번뇌와 욕망의 불꽃이 꺼진 상태

열반

유여의 열반(有餘依涅槃)

정신적으로는 번뇌·욕망·분노 등
탐진치가 소멸되어 열반을 이루었으나
아직 육체는 남아 있는 상태

육체가 있는 한 배고픔 등
최소한의 고통은 여전히 있는 것

반열반

무여의 열반(無餘依涅槃)

완전한 열반으로
정신적인 탐·진·치는 물론이고
육체까지 사라진 상태(죽음)

육체까지 사라져야만(죽음) 모든
욕망과 고통으로부터 자유로울 수
있다는 것

욕망 욕망을 의미하는 단어는 매우 다양하다. 일반적으로 땅하(taṅhā)는 갈애로 번역되고, 라가(rāga), 로바(lobha), 깃다(giddhā) 등은 탐욕으로 번역된다. 특히 성적인 욕망은 까마(kāma)라는 말로 표현한다. 욕망에 대한 용어가 풍부한 것은 해탈/열반을 성취하는 데 가장 강력한 방해 요소이기 때문이다.

지혜에 의한 해탈과 마음의 해탈

열반에 두 종류가 있듯이, 해탈에도 두 종류가 있다. 심해탈(心解脫)과 혜해탈(慧解脫)이다. 심해탈은 쩨또위뭇띠(cetovimutti)를 번역한 것으로 '마음의 해탈'을 뜻하고, 혜해탈은 빤냐위뭇띠(paññāvimutti)로 '지혜에 의한 해탈'을 뜻한다. 따라서 심해탈자는 '이미 해탈된 마음을 지닌 자'이며, 혜해탈자는 '지혜를 수단으로 해탈의 상태에 도달한 자'를 가리킨다.

이렇듯 해탈의 종류가 다른 것은 수행방법의 차이에서 기인한다. 경전에서는 혜해탈자는 '선정의 경지를 직접 경험하지 않고 지혜로 해탈한' 수행자로 규정하고, 심해탈자는 몸으로 직접 '선정의 경지를 경험한 후에 해탈한' 수행자로 규정하고 있다. 즉 선정(禪定, jhāna) 수행을 통해 해탈을 성취한 것이 심해탈이 되는 것이다.

이에 반해서, 혜해탈은 선정이 아닌 지혜를 통해 해탈을 성취하는 것을 말한다. 따라서 깊은 삼매를 필요로 하지 않는다. 경전에서는 이를 다양하게 표현하고 있는데, 대표적으로 4성제나 3학, 혹은 5온·무아·연기 등에 대한 명확하고 확실한 통찰에서 나오는 '지혜'를 의미한다. 이것은 달리 표현해서, 붓다의 가르침 곧 진리를 완벽히 이해한 것이라고 할 수 있다. 이렇게 완벽하게 이해하는 것으로부터 지혜가 나오는데, 이 지혜로 '무명(無明)'이 제거됨으로써 해탈에 이른 수행자가 혜해탈자인 것이다.

반면에, 심해탈자는 선정 수행을 통해 '갈애'와 같은 모든 정서적인 번뇌를 완전히 제거함으로써 마음이 어떠한 경우에도 동요됨이 없는 '평정함'을 성취하여 해탈에 이르게 된다. 이 때, 심해탈자에게는 모든 번뇌의 소멸과 함께, 마음이 해탈했다는 인식(aññā)이 발생하는데, 이 인식이 바로 심해탈자의 지혜가 된다. 그런 의미에서 심해탈자는 구분해탈(俱分解脫)자, 즉 두 가지로 해탈한 자라고도 한다.

심해탈(心解脫)과 혜해탈(慧解脫)

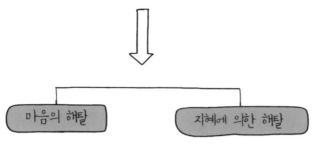

마음의 해탈

- 선정(禪定)의 경지를 몸으로 체험하여 해탈한 수행자
- 이미 해탈한 마음을 지니는 것

지혜에 의한 해탈

- 선정(禪定)의 경지를 몸으로 체험하지 않고 지혜로 해탈한 수행자
- 지혜를 수단으로 해탈의 상태에 도달한 자

이 두 가지를 갖추면 굿!

무명(無明) 산스끄리뜨어: avidyā, 빨리어: avijjā의 번역어. 지혜가 없는 상태. 곧 어리석음, 무지, 12연기 가운데 첫 번째로 무명으로 인해 업을 짓고, 업으로 인하여 나머지가 연달아 일어나게 되므로 유식파에서는 근본번뇌의 하나로 여긴다. 대승기신론에서는 무명이 번뇌 망념을 일으킨다고 하였다.

사마타와 위빠사나

인도불교의 전통적 수행법은 크게 사마타(samatha, 止)와 위빠사나(vipassanā, 觀)로 구분될 수 있다. 사마타는 선정 및 삼매 수행 등을 포괄하는 수행법을 가리키는 것으로 평온이나 고요함을 목적으로 집중을 계발하는 수행법이다. 선정의 경지가 마음의 '지식(止息, 그치고 쉼)', '정지(靜止, 고요히 그침)', '적정(寂靜)'을 가리키는 점에서 사마타라고 한다. 이에 반해 위빠사나는 '무상-고-무아'와 같이 존재의 실상을 통찰하여 지혜를 계발하는 수행법이다.

사마타 수행은 갈애(渴愛, taṅhā. 욕망)와 같은 정서적 번뇌를 제거하는 데 탁월하고, 위빠사나 수행은 무지(無知, avidyā)를 제거하는 데 탁월하다. 그리고 사마타 수행을 통해 해탈을 얻게 되면 심해탈자(心解脫者)라고 하고, 위빠사나 수행으로 해탈을 얻게 되면 혜해탈자(慧解脫者)라고 구분하기도 한다.

한편 사마타 수행이 선정의 일종이라는 점에서는 인도 종교 전통에서 공유하는 수행법이지만, 그 용어 자체는 불교 이전에는 사용되지 않은 순수한 불교용어이다. 이에 반해 위빠사나는 인도 종교 및 수행 전통에서는 찾아볼 수 없는 불교 고유의 수행법이며, 용어 또한 불교에서만 사용한 순수한 불교용어이다. 특히 위빠사나는 불교가 계(戒)-정(定)-혜(慧)의 삼학으로 정리되면서 가장 보편적이며 대표적인 수행법으로 자리 잡으며 오늘날 남방불교의 전통 주류수행법으로 전해오고 있다.

하지만 불교의 수행법은 위빠사나가 개발된 이후에는 사마타와 함께 닦는 것[兼修]으로 발전한다. 그래서 경전에서도 사마타(止)만 언급되는 용례보다는 위빠사나(觀)와 나란히 설해지는 것이 많다. 따라서 이미 초기단계부터 지(止=定)와 관(觀=慧)을 같이 수행해야 한다는 사고방식이 분명히 나타나고 있다. 그리고 이러한 지관 겸수(止觀兼修)의 경향은 동북아시아 불교에도 전해졌다.

인도불교의 전통적 수행법

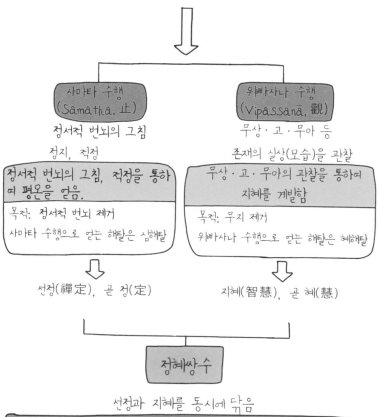

수행 수행(修行)에 해당하는 빨리어는 바와나(bhāvanā)인데, 그 의미는 '정신계발'을 의미한다. 오늘날에는 '명상'으로도 번역한다.

사마타 수행
(Samatha, 止)

정서적 번뇌의 그침

정지, 적정

정서적 번뇌의 그침, 적정을 통하며 평온을 얻음.

목적: 정서적 번뇌 제거

사마타 수행으로 얻는 해탈은 심해탈

위빠사나 수행
(Vipassanā, 觀)

무상·고·무아 등

존재의 실상(모습)을 관찰

무상·고·무아의 관찰을 통하며 지혜를 계발함

목적: 무지 제거

위빠사나 수행으로 얻는 해탈은 혜해탈

선정(禪定), 곧 정(定)

지혜(智慧), 곧 혜(慧)

정혜쌍수

선정과 지혜를 동시에 닦음

수행은 선정(止, 사마타)과 지혜(위빠사나)를 계발하는 수행을 병행하며야만 보다 완전히 성취할 수 있다.
천태지의 스님은 사마타를 '지(止)'라고 하고 위빠사나를 '관(觀)'이라고 하며 지관법(止觀法)을 수립했다.

4무량심(四無量心)

4무량심(四無量心)은 초기불교의 대표적인 선정 수행 가운데 하나로, 그 내용은 자(慈)·비(悲)·희(喜)·사(捨)의 네 가지 끝없는 마음을 말한다. 4무량심은 다른 사람들을 이롭게 하는 이타행(利他行)을 강조하며, 구체적으로 다른 생명을 대하는 태도는 어떠해야 하며, 그 실천 방법은 무엇인지를 제시한 것이다.

자무량심(慈無量心)은 모든 생명 있는 존재들이 행복하기를 바라는 마음으로 이익과 즐거움을 주고자 하는 마음이며, 비무량심(悲無量心)은 모든 생명 있는 존재들이 고통에서 벗어나기를 바라는 마음으로 불이익과 고통을 없애 주고자 하는 마음이다.

희무량심(喜無量心)은 모든 존재들이 이익과 즐거움이 끝없기를 바라는 마음이며, 사무량심(捨無量心)은 평등심으로 차별하지 않는 마음인데, 구체적으로는 자신이 행한 업(행위)으로 인해서 그 사람의 미래의 모습이 알려지기 때문에, 즐거움과 고통에 무관심한 것을 말한다.

이러한 4무량심을 수행하게 되면 번뇌가 제거되는데, 특히 자심(慈心)을 닦게 되면 분노심[瞋覺]이 제거되고, 비심(悲心)을 닦게 되면 남을 해치려고 하는 마음[惱覺]이 제거된다. 그리고 희심(喜心)을 닦게 되면 다른 사람의 기쁨을 함께 기뻐하지 못하는 좋지 못한 마음[不悅樂]이 제거되고, 사심(捨心)을 닦게 되면 좋아하고 싫어하는 마음[愛憎]이 제거된다고 한다.

한편 후대에 이르면 이 네 가지는 크게 '자비(慈悲)'와 '희사(喜捨)' 두 가지로 나뉘지게 된다. 그러면서 자비는 불교의 대표적인 덕목으로 정착되고, 희사는 기쁘게 재물을 보시하는 것, 혹은 보상을 바라지 않고 보시를 행하는 의미로 쓰이게 되었다.

4무량심을 닦다

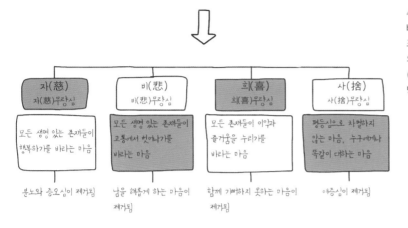

네 가지 한량 없는 마음

⬇

자(慈)	비(悲)	희(喜)	사(捨)
자(慈)무량심	비(悲)무량심	희(喜)무량심	사(捨)무량심
모든 생명 있는 존재들이 행복하기를 바라는 마음	모든 생명 있는 존재들이 고통에서 벗어나기를 바라는 마음	모든 존재들이 이익과 즐거움을 누리기를 바라는 마음	평등심으로 차별하지 않는 마음, 누구에게나 똑같이 대하는 마음
분노와 증오심이 제거됨	남을 해롭게 하는 마음이 제거됨	함께 기뻐하지 못하는 마음이 제거됨	애증심이 제거됨

4범주 4범주(四梵住, brahmavihāra)는 4무량심의 다른 표현이기도 하다. 4무량심이 해탈도의 성격이라면, 4범주는 생천도(生天道), 즉 하늘나라에 태어나는 방법이라는 특징을 갖는다.

4무량심을 다 갖추면 좋지만 이 가운데 하나만 갖추어도 그는 존경해야 할 대상야.

37조도법(三十七助道法)

불교는 해탈 혹은 열반을 추구하는 종교이다. 그리고 그 방법은 직접 당사자가 수행을 통해 해탈의 경지를 경험[證得]하는 것이다. 해탈에 이르는 방법을 통틀어서 수행법이라고 한다.

초기 경전에서 제시하고 있는 수행법은 매우 다양한데, 이를 통칭하여 37조도법이라고 한다. 그러므로 37조도법은 깨달음을 획득하기 위한 37가지의 수행법을 의미한다고 할 수 있다. 그 구체적인 내용은 4념처(四念處), 4정근(四正勤), 4신족(四神足), 5근(五根), 5력(五力), 7각지(七覺支), 8정도(八正道)이다. 이들 수행법의 숫자를 합하면 37이 되기에 37조도법이라는 이름이 붙은 것이다.

이들 수행법들은 본래는 각각 독립된 수행법으로서 어떤 연계성이 있는 것은 아니다. 그래서 이들 수행법의 구체적인 내용들을 보면 서로 중첩되기도 한다.

그렇다면 이처럼 다양한 수행법을 제시하는 것은 무엇 때문일까?

붓다의 독특한 설법 방식을 일반적으로 '대기설법(對機說法)'이라고 한다. 이는 사람들마다 이해력의 차이, 성격의 차이, 문화적 차이 등이 있어 그 사람의 이해 능력에 맞추어[對機] 설법하는 것, 또는 그 사람이 가장 잘 이해할 수 있는 방식과 내용으로 설법을 한다는 뜻이다. 하나의 표준적 내용으로 천편일률적으로 설법을 하면 안 된다.

이는 수행론에도 그대로 적용된다. 사람에 따라 집중력을 계발하는 사마타 방식을 선호하는 사람도 있을 수 있고, 혹은 분석적으로 이해하는 위빠사나 방식을 좋아할 수도 있다. 따라서 37조도법은 다양한 수행법을 마련해 놓고, 사람마다 각자 자기에게 맞는 수행방법을 택하여 해탈에 이르게 하기 위한 장치라고 할 수 있다.

깨달음, 해탈, 열반에 도달하는 37가지 방법

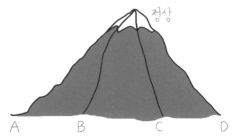

깨달음, 해탈, 열반에 도달하는 37가지 방법

정상

A   B   C   D

정상에 오르는 길은 다양하다.

마찬가지로 깨달음, 열반은 하나지만 그것에 도달하는 방법은 여러 가지야.
그러므로 자신에게 맞는 수행법을 택해야 한다.

37보리분법 37보리분법(三十七菩提分法)은 37조도법의 다른 이름이다. 보리분은 보장가(bojjhaṅga)를 번역한 것이다. 보장가는 보디 앙가(bodhi-aṅga)로 깨달음으로 이끄는 가지들[支分]이라는 의미로, 한역에서는 각지(覺支)로 번역한다.

1. 4념처: 신(身), 수(受), 심(心), 법(法)
2. 4정근: 단단, 율의단, 수호단, 수단
3. 4신족: 욕신족, 정진신족, 심신족, 사유신족
 (여의족):(-욕여의족) (정진여의족) (염여의족) (혜여의족)
4. 5근: 신근, 정진근, 염근, 장근, 혜근
5. 5력: 신력, 정진력, 염력, 정력, 혜력
6. 7각지: 염각지, 택법각지, 정진각지, 희각지, 경안각지, 정각지, 사각지
7. 8정도: 정견, 정사유, 정어, 정업, 정명, 정정진, 정념, 정정

⬇

이상을 합하면 37가지야.
자신에게 맞는 수행법을 택하면 됨.

3학(三學)

불교의 수행 체계를 세 가지로 분류한 것이 3학(三學)이다. 3학은 계학 · 정학 · 혜학(戒學 · 定學 · 慧學)을 말한다. 이를 달리 증상계학(增上戒學, adhisīla) · 증상심학(增上心學, adhicitta) · 증상혜학(增上慧學, adhipaññā)이라고도 한다. 증상(adhi)은 '뛰어나다'라는 의미이다.

3학을 배우게 되면 탐욕과 성냄과 어리석음이라는 삼독이 끊어져, 선하지 않은 일을 하지 않게 된다. 나아가 3학의 수행이 깊어지면 모든 번뇌를 끊고 해탈을 성취하게 된다. 구체적으로 계의 완성을 통해 탐욕을 끊게 되고, 정의 완성을 통해 성냄을 끊게 된다. 마지막으로 혜의 완성을 통하여 어리석음을 끊어 해탈에 이르게 되는 것이다.

이러한 3학은 계의 완성을 시작으로 선정의 완성, 그리고 지혜의 완성으로 나아가게 된다. 계가 완성되지 못하면 선정을 완성하지 못하고, 선정을 완성하지 못하면 지혜를 완성하지 못하게 된다. 경전에서는 3학의 성취 정도에 따라 성자의 계위가 결정된다는 내용도 있다.

그렇지만 3학은 별개의 항목이 아니라, 계와 정과 혜는 서로 밀접하게 관련되어 있어 같이 수행되어야 하는 것이다.

이 중 가장 기본이 되는 계(戒)는 이른바 불제자로서 지켜야 하는 계율을 잘 닦아, 좋은 습관을 익히는 것을 말한다. 쉽게 말해 잘못된 것을 막고 악을 고치는 것이 계의 기본적 의미이다. 두 번째 정은 선정(禪定)을 말한다. 마음을 고요히 하여 집중케 하는 것이다. 가장 기본적으로 욕망의 대상으로부터 떠나 4선(四禪)을 완성하는 것을 말한다.

세 번째 혜는 4성제(四聖諦)를 바르게 아는 것을 말한다. 즉 고통과 고통의 원인, 고통의 소멸과 소멸로 이끄는 방법을 온전하게 아는 것이다.

3학(三學)

불교 수행의 체계화

⬇

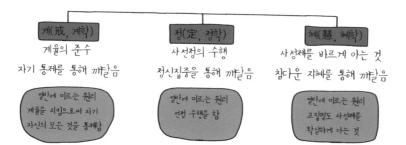

계(戒, 계학)	정(定, 정학)	혜(慧, 혜학)
계율의 준수	사선정의 수행	사성제를 바르게 아는 것
자기 통제를 통해 깨달음	정신집중을 통해 깨달음	참다운 지혜를 통해 깨달음

| 열반에 이르는 원리 계율을 지킴으로서 자기 자신의 모든 것을 통제함 | 열반에 이르는 원리 선정 수행을 함 | 열반에 이르는 원리 고집멸도 사성제를 착실하게 아는 것 |

3학 3학(tisso sikkhā)에서 '학'은 불제자라면 마땅히 배워야 할 것, 훈련해야 할 것을 의미한다. 말하자면 반복적으로 실천하여 익혀야 할 덕목인 것이다.

계율을 준수하지 않고 선정 수행을 성취한다는 것은 불가능하다. 선정 없이 지혜를 계발하고 정견, 여실지견(착실한 견해), 정법안을 갖춘다는 것은 불가능하다.

성자(聖者, 聖人)의 계위

초기불교에서는 성인의 계위를 네 가지로 나눈다. 첫째 예류자(預流者, sotāpanna), 둘째 일래자(一來者, sakadāgāmin), 셋째 불환자(不還者, anāgāmin), 넷째 아라한(阿羅漢, arahant)이다.

　이러한 성인론을 4과(四果), 혹은 사문4과(沙門四果)라고도 한다. 사문4과란 출가 수행자가 수행을 통해 얻게 되는 네 가지 결과를 의미한다. 나아가 각각의 성인의 단계를 향해 나아가는 단계를 덧붙여 4향4과(四向四果)라고도 한다. 4과설을 전하는 경전의 내용을 보면, 재가자(세속생활을 하는 자)는 불환과까지만 성취할 수 있다고 하지만, 많은 경전에서 재가자임에도 불구하고 최고의 깨달음을 얻은 사람들에 대한 이야기도 쉽게 찾아볼 수 있다.

　우선 성자가 되기 위해서는 10결(十結), 즉 열 가지 번뇌를 끊어야 한다. 10결은 유신견(有身見), 의심[疑], 계금취(戒禁取), 욕탐(欲貪), 진에(瞋恚), 색탐(色貪), 무색탐(無色貪), 만(慢), 도거(掉擧), 무명(無明)이다. 이 가운데 예류자는 유신견·의심·계금취견의 세 가지 번뇌[三結]를 끊은 성자이고, 일래자는 3결을 완전히 제거했지만 성냄과 무명은 아직 완전히 없어지지 않은 성자를 말한다. 불환자는 3결과 함께 욕탐(욕계와 관련된 거친 욕망)과 진에(성냄)를 완전히 제거한 성자이다. 이 다섯 가지 번뇌를 5하분결(五下分結)이라고 한다. 마지막 아라한은 5하분결은 물론이거니와 색탐(색계와 관련된 욕망), 무색탐(무색계와 관련된 욕망), 만(남과 비교하는 것), 도거(들뜸), 무명의 다섯 가지 번뇌를 제거해야 한다. 이것을 5상분결(五上分結)이라고 한다.

　이외에도 성문승, 연각승, 보살승, 불승의 구분과 대승불교의 10지보살(十地菩薩)이라는 구분도 성인의 계위를 나타낸다.

성자(聖者)의 계위(階位)

최고의 성자는 아라한에 도달한 사람

⬇

예류자(豫流者)
예류과 또는 수다원

진리의 흐름에 들어선
성자. 최대 7번 윤회하
는 과정에서 아라한과를
성취

일래자(一來者)
일래과 또는
사다함과라고도 함.

천상세계에 태어났다가
다시 인간세계에 태어나
아라한과를 성취하는
성자

불환자(不還者)
불환과 또는
아나함과라고도 함.

다시는 욕계에
태어나지 않고, 색계
이상의 하늘나라에 태어
나 아라한과를
성취하는 성자

아라한(阿羅漢)
아라한과라고도 함.

더 이상 수행해야
할 것이 없는 최고 경지에
이른 성자.

제3장
불교교단의 성립과 발전

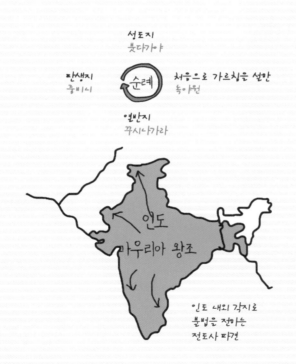

성토지
붓다가야

탄생지
룸비니

순례

처음으로 가르침을 설한
녹야원

열반지
꾸시나가라

인도
마우리아 왕조

인도 내외 각지로
불법을 전하는
전도사 파견

불교 교단의 구성원
— 비구 · 비구니 · 남성 신자 · 여성 신자 —

고따마 붓다의 제자는 출가자(스님)와 재가자(신도)의 두 종류로 구성된다. 남성 출가자는 비구, 여성 출가자는 비구니, 남성 재가신자는 우바새, 여성 재가신자는 우바이라고 한다. '4중(衆)' 혹은 '4부 대중'이라 불리는 이들이 불교 교단의 주요 구성원이다. 이 외, 비구 · 비구니가 되기 전의 예비승 단계인 사미 · 사미니와, 사미니로부터 비구니로 넘어가기 전에 여성에게만 적용되는 식차마나니가 있다. 이들 3종의 출가자를 포함해서 교단의 구성원을 7중으로 헤아리기도 한다. 출가자 집단은 특히 승가(僧伽, saṃgha)라고 부른다.

비구가 되기 위해서는 3사(師)7증(證)이라 불리는 10명의 비구 앞에서 구족계(具足戒)를 받아야 한다. 한편, 비구니의 경우에는 이부승수계라고 하여 비구니 승가에서 구족계를 받은 후 비구승가에 가서 재차 구족계를 받아야 한다. 구족계는 비구가 250항목, 비구니가 348항목으로 여성의 경우 신체적인 특성 등을 고려하여 100여 개 정도의 조문이 더 많다.

비구나 비구니가 되기 위한 특별한 자격이나 조건은 없지만, 차법이라 해서 몇 가지 피해야 할 조건은 있다. 예를 들면 수행을 지속하기 힘들 정도의 신체적 장애가 있거나(신체적인 불구), 부모나 남편, 고용인 등의 허락을 받지 않고 출가하는 것은 안 된다. 입단 후에 문제를 일으킬 소지가 있기 때문이다.

한편 우바새와 우바이는 세속 생활을 유지한 채 불자로 살아가는 사람들로, 삼귀의와 5계의 수지를 맹세한 후 불교신자가 된다. 출가수행자와 재가신자는 교단을 지탱하는 두 개의 큰 기둥이다. 스님들은 법시(法施)라고 하여 신자들에게 붓다의 가르침을 가르쳐 주고, 신자는 재시(財施)라고 하여 스님들에게 물질적인 보시를 한다. 신자들은 보시를 함으로써 공덕을 쌓아 사후에 생천(生天)할 수 있다고 믿었다. 이와 같이 불교교단은 출가자와 재가자의 상호보완적인 이중 구조 하에 유지되었다.

불교 교단의 구성원

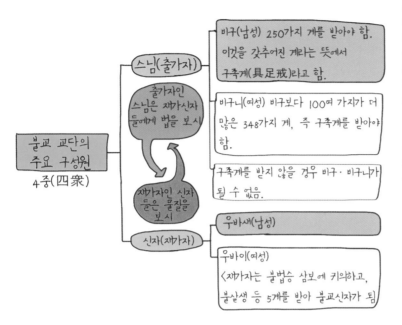

비구(남성) 250가지 계를 받아야 함. 이것을 갖추어진 계라는 뜻에서 구족계(具足戒)라고 함.

비구니(여성) 비구보다 100여 가지가 더 많은 348가지 계, 즉 구족계를 받아야 함.

구족계를 받지 않을 경우 비구·비구니가 될 수 없음.

스님(출가자)

출가자인 스님은 재가신자들에게 법을 보시

재가자인 신자들은 물질을 보시

신자(재가자)

우바새(남성)

우바이(여성)

〈재가자는 불법승 삼보에 귀의하고, 불살생 등 5계를 받아 불교신자가 됨〉

불교 교단의 주요 구성원
4중(四衆)

7중(七衆)

― 비구
― 비구니
― 우바새(남성 재가신자)
― 우바이(여성 재가신자)
― 사미(비구의 예비단계, 10계를 받음)
― 사미니(비구니의 예비단계, 10계를 받음)
― 식차마나니(사미니에서 비구니로 넘어가는 과정에 있는 중간단계로 그 기간은 2년임. 여성의 경우에 한함.

4중(四衆)

3중(三衆)

이부승수계(二部僧授戒) 비구니승가와 비구승가 양쪽으로부터 구족계를 받는 것을 말한다. 남성은 3사7증으로 구성된 비구승가에서 이루어진 구족계의식만으로 비구가 될 수 있지만, 여성은 3사7증으로 구성된 비구니승가에서 구족계를 받은 후, 이어 구족계 희망자와 화상니(和尙尼)가 3사7증으로 구성된 비구승가에 가서 재차 구족계를 받아야만 비구니가 될 수 있다. 비구니가 될 때에만 적용되는 수계 방식이다.

차법(遮法) 비구 혹은 비구니가 될 수 없는 결격 사항을 가리킨다. 대략 20여 종의 항목으로 구성되며, 이 중 하나라도 해당 사항이 있으면 구족계를 받을 수 없다.

3귀의(三歸依) 불교를 구성하는 세 가지 요소인 불법승(佛法僧) 3보(三寶)에 귀의하는 것을 말한다. 불은 불교의 개조이자 교주로서의 석가모니이다. 법은 붓다가 설한 교법이며, 승은 붓다를 대신하여 사람들에게 불교의 가르침을 전하며 이들을 교화하는 출가자 집단이다.

5계(五戒) 불살생, 불투도, 불사음, 불망어, 불음주를 가리킨다. 불살생은 살아 있는 생명을 해치는 행위로부터 떠나는 것, 불투도는 자신에게 주어지지 않은 것을 취하는 행동으로부터 떠나는 것이다. 불사음은 삿된 음행, 즉 자신의 배우자 이외의 사람과 성관계를 맺는 행위로부터 떠나는 것이며, 불망어는 거짓말을 비롯하여 이간질하는 말, 아첨하는 말, 흉보는 말, 깔보는 말, 거친 말, 헛된 말 등 진실하지 못한 말로부터 떠나는 것이다. 불음주는 술을 마시는 행위로부터 떠나는 것이다. 살생이나 도둑질, 사음과 거짓말은 그 자체가 악행이자 죄이기 때문에 실죄(實罪) 혹은 성죄(性罪)라고 부르며, 음주는 모든 죄의 원인이 될 수 있기 때문에 차죄(遮罪)라고 한다.

출가자의 생활

출가자의 기본적인 생활 원칙은 사의(四依), 즉 걸식·분소의·수하좌·진기약 네 가지에 의지하는 것이다. 걸식(乞食)이란 탁발로 얻은 음식으로 식사를 해결하는 것, 분소의(糞掃衣)란 쓰레기장 등에 버려진 헌 옷이나 옷감 등을 주워서 기워 만든 옷을 입는 것, 수하좌(樹下座)란 나무 밑이나 수풀 등 지붕이 없는 야외에서 자는 것, 진기약(陳棄藥)이란 소의 오줌을 발효시켜 약으로 사용하는 것을 말한다. 구족계갈마가 끝난 직후, 승가는 수계자에게 반드시 이 사의를 설하여 출가자로서 지향해야 할 올바른 삶을 인지시켜야 한다.

하지만 이 사의는 절대적으로 지켜야만 하는 원칙은 아니다. 중도를 지향했던 붓다는 사의에 근거한 생활이 오히려 또 하나의 집착이 될 수 있음을 우려하며, 만약 재가신자의 보시가 있다면 너무 사치스럽지 않은 한 공양 초청도, 옷감 보시도, 또한 정사(精舍, 지붕이 있는 집, 사원)도 수용해도 좋다는 유연한 입장을 취했다.

초기 단계에 이미 유력한 재가신자들의 귀의로 크게 발전하고 있던 승가는 실질적으로는 안락한 생활을 했으며, 이런 현상은 점점 더 두드러져 갔다. 두타행 등을 실천하는 일부 비구들을 제외하고는 대부분의 비구들이 재가신자의 보시를 받아 사의와는 거리가 먼 생활을 했다. 이와 같은 변화에 대해 승가의 구성원들 사이에서는 찬반양론이 있었던 것 같다.

예를 들어, 사리뿟따는 "감관을 제어한 성자에게 있어 장소의 차이가 무슨 의미가 있는가?"라며 정사 생활을 거부하지 않은 한편, 두타행에 철저했던 마하깟사빠는 정사를 멀리하고 오로지 숲이나 산, 바위 밑에서 수행했다고 한다.

출가자의 생활

4의(四依)

4가지에 의존

식생활은 걸식(乞食)에 의존

이른 아침 발우를 들고 마을로 들어가
재가자들이 담아주는 음식으로 해결

의생활은 분소의(糞掃衣)에 의존

쓰레기장에 버려진 헌 옷감 등을 모아서 기워 만든 옷을 입음.
조각조각 붙인 가사가 그것인데 3종류가 있다.
1. 승가리: 외출, 탁발할 때 입는 가사
2. 울다라승: 예불, 포살, 경전 강설할 때 입는 가사
3. 안타회: 일할 때, 잠잘 때 입는 가사

✱ 가사는 법의(法衣)이지만 인도불교에서는 스님들이 입는 옷임.

주거는 수하좌(樹下坐)에 의존

큰 나무 밑이나 숲 등 야외에서 잠을 잔다.
지붕이 있는 집에서는 잠을 자거나 생활할 수 없도록 규정

약은 진기약(陳棄藥)에 의존

소의 오줌을 발효시킨 것을 복용. 지금도 인도에서는 소똥을
벽에 바르기도 하고 또 연못을 정화시킬 때도 사용함.

점차 변화

출가자의 신분에 걸맞지 않게 너무 사치스럽지만 않다면
재가신자가 특별히 준비한 음식이나 옷감, 건물 등을 수용

두타행[頭陀行] 두타는 흔들어서 제거하다, 씻어내다 등의 의미를 지닌 두(√dhū)라는 동사의 과거분사형인 두타(dhūta)의 음역어이다. 의식주 전반에 걸쳐 탐하는 마음을 갖지 않고 모든 번뇌를 제거해가는 수행을 가리킨다. 좋은 옷을 입지 않고 분소의만을 걸칠 것, 삼의만을 착용할 것, 공양 초청을 받지 않고 오로지 탁발만으로 생계를 해결할 것, 부자나 가난한 자 등을 구별하여 건너 뛰는 일 없이 순서대로 집을 돌며 탁발할 것, 하루에 한자리에서 한 번만 식사할 것, 발우에 한 번 담긴 음식만을 먹을 것, 정오 후에는 식사하지 않을 것, 속세와 떨어진 고요한 아란야에 머물 것, 노지(露地)나 무덤 가에 머물 것, 좋고 나쁨에 상관 없이 주어진 와좌구를 수용할 것, 항상 앉아 있고 눕지 않을 것 등의 내용으로 구성된다. 두타행은 일상생활에서 심신을 단련하는 이들 규율을 지킴으로써 의식주 전반에 걸쳐 만족, 욕망의 제어 등의 덕을 키워 세속적 욕망을 떨쳐버리는 것을 목적으로 한다.

데와닷따의 승가 분열[破僧]

데와닷따(제바달다)는 붓다가 출가하기 전 부부의 연을 맺었던 야소다라의 남동생이라고도 하고, 혹은 붓다의 시자인 아난다의 동생 내지 형이라고도 전한다. 그는 붓다가 깨달음을 이룬 후 고향 까삘라왓뚜(까삘라 성)를 찾았을 때 다른 사꺄족 청년들과 함께 출가하였다. 평소 야망이 많던 그는 당시 마가다 국 빔비사라 왕의 아들이었던 아자따삿뚜의 권력을 등에 업고 붓다에게 승가의 지도권을 넘겨 달라고 했다. 붓다가 그의 요구를 거부하자, 그는 고깔리까, 까따모라까띳사까, 칸다 왕비의 아들, 사뭇다닷따 등과 함께 다음 다섯 가지의 주장을 제안한다.

첫째, 평생 삼림(森林) 속에서 살아야 하며 촌락에 들어가서는 안 된다. 둘째, 평생 걸식자로 살아야 하며, 신자들의 공양 초대에 응해서는 안 된다. 셋째, 평생 버려진 옷감을 주워서 기워 만든 옷을 입어야 하며, 공양 받은 옷감을 착용해서는 안 된다. 평생 나무 밑 등 지붕이 없는 곳에 머물러야 하며, 지붕이 있는 곳에 머물러서는 안 된다. 다섯째, 평생 생선과 고기를 먹어서는 안 된다.

붓다는 이를 인정하지 않았다. 삼림이든 촌락이든, 걸식이든 초대식이든, 버려진 옷감으로 만든 옷이든 공양 받은 옷이든, 각자 알아서 받으라고 지시한다. 그리고 지붕 없는 나무 밑에 머물러야 한다는 주장에 대해서는 8개월 동안은 반드시 그렇게 해야 하지만, 그 외에는 각자 알아서 하라고 했다. 한편, 생선과 고기는 세 가지 점, 즉 자신을 위해 잡는 것을 보거나 듣거나 혹은 의심 가는 일이 없다면 먹어도 괜찮다는 입장을 취했다. 붓다에게 있어 의식주 생활은 수행을 지속하기 위한 방편일 뿐이었기에 특정한 방식을 고집할 필요는 없는 것이었다.

데와닷따는 기다렸다는 듯이 이를 계기로 승가의 분열을 시도했다. 이것을 파승이라고 한다. 이에 500여 명의 비구들이 그의 의견에 동조하여 붓다의 승가를 떠났다. 하지만 사리뿟따와 목갈라나의 설득으로 모두 돌아옴으로써 사태는 곧 수습되었다.

고따마 붓다와 데와닷따의 관계

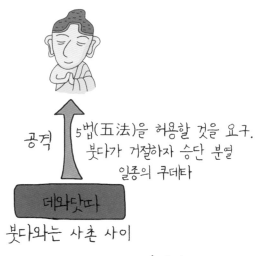

공격 ← 5법(五法)을 허용할 것을 요구. 붓다가 거절하자 승단 분열 일종의 쿠데타

데와닷따

붓다와는 사촌 사이

아자따삿뚜
+
데와닷따의 우호세력

- 고깔리까
- 까따모라까띳사까
- 칸다 왕비의 아들
- 사뭇다닷따

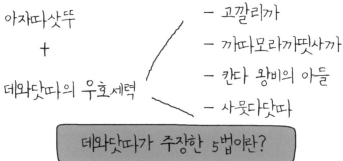

데와닷따가 주장한 5법이란?

출가자는

1. 평생 삼림(숲)에 머물러야 한다.
2. 평생 걸식으로 생계를 해결해야 한다.
3. 평생 버려진 옷감을 주워 모아 만든 옷을 입어야 한다.
4. 평생 나무 밑이나 수풀 등 지붕이 없는 곳에서 자야 한다.
5. 평생 생선과 고기를 먹어서는 안 된다.

파승(破僧, samghabheda) 승가의 분열을 말한다. 화합은 승가가 추구해야 할 최상의 가치 중 하나인데, 이 화합을 깨고 분열시키는 행위가 파승이다. 따라서 파승은 아버지를 죽인 죄, 어머니를 죽인 죄, 아라한을 죽인 죄, 붓다의 몸에 피를 낸 죄와 더불어 5무간죄(無間罪) 중 하나로 헤아려질 정도로 중죄이다. 다만 율장에서는 파승을 승잔죄(僧殘罪)로 분류한다. 승잔죄는 중죄이기는 하지만, 자신의 과오를 인정하고 참회의 기간을 보내면 이후 20명 이상의 비구로 구성된 승가에서 갈마를 받고 원래의 청정비구 신분을 회복할 수 있다.

아자따삿뚜 마가다 국 제 2대 왕. 빔비사라 왕의 아들이다. 데와닷따의 꾀임에 빠져 부왕인 빔비사라 왕을 시해하고 왕위에 오른 사람이다. 꼬살라 국을 병합하는 등 마가다 국이 제국으로 발전하는 기틀을 다진 인물이기도 하다.

사리뿟따(Sariputta, 사리불) 붓다의 10대 제자 가운데 한 명. 원래 6사외도(六師外道) 가운데 한 명인 산자야 벨랏띠뿟따의 제자였으나, 붓다의 제자인 앗사지 비구와의 만남을 계기로 불교에 귀의한다. 목갈라나(목련)와 더불어 붓다의 제자 가운데 쌍벽을 이루는 대표적인 제자이다. 붓다의 가르침을 이해하고 설하는 데 탁월한 능력을 보여 지혜제일(智慧第一)이라 한다.

라자가하의 경전 편찬[結集]

붓다가 입멸에 들자, 나이 들어 출가한 수밧다라는 한 비구가 이렇게 말했다. "붓다가 살아 있을 때는 '해라, 하지 마라' 말이 많았는데, 이제 붓다가 사라졌으니 우리 마음대로 하고 살자." 이 말을 듣고 놀란 마하깟사빠(대가섭)는 스승의 가르침을 정리하여 보존할 필요성을 절감했다. 붓다가 입멸한 그 해 안거 기간에 경전을 편찬하기 위해 500명의 아라한을 소집하여 회의를 열었다. 이를 결집(結集)이라고 한다. 붓다의 시자로서 가르침을 가장 많이 들었던 아난다(아난)는 아라한이 아니라는 이유로 한때 참석 여부가 논란이 되기도 했지만, 결집 날 새벽에 아라한과를 얻고 참석했다. 마하깟사빠의 주재 아래, 500명의 아라한이 마가다 국의 수도 라자가하(왕사성) 근처에 있는 칠엽굴에 모였다.

아난다는 다문제일(多聞第一, 가장 많은 교법을 들음), 우빨리는 지율제일(持律第一, 계율을 가장 잘 지킴)이라는 평가를 받고 있었기 때문에 각각 대표로 선발되었다. 아난다와 우빨리가 자신이 들었던 내용을 낭송하면, 나머지 비구들은 이를 듣고 잘못된 곳을 수정했다. 그렇게 해서 확정된 내용을 함께 외우는 합송(合誦) 방법으로 결집이 이루어졌다. 이를 제1 결집, 혹은 실행 장소의 이름에 따라 라자가하 결집이라고 하며, 혹은 500명의 아라한이 참석했다 하여 '오백결집(五百結集)'이라고도 부른다.

한편, 결집이 끝난 후 아난다는 승가가 원한다면 소소계(小小戒, 소소한 계)는 폐지해도 좋다는 붓다의 말씀을 전했다. 하지만 붓다에게 소소계의 구체적인 내용을 물어보지 않은 탓에 논쟁이 생겼다. 끝내 소소계의 내용을 결정하지 못하자, 마하깟사빠는 불제불개변(佛制不改變), 즉 붓다가 한 번 제정한 것은 바꾸지 않는다는 원칙을 선언했다. 율은 승가의 질서를 유지하기 위한 규칙으로 현실 변화에 따른 재해석의 가능성을 내포한 가르침인데, 마하깟사빠의 이와 같은 선언으로 인해 율은 고정되었고 이후 승가에서 많은 논쟁을 불러일으키게 된다.

라자가하에서 경전을 편찬하다

결집이란 경전 편찬 회의인데 그 방식은 기억하고 있는 가르침을 합송하여 통일하는 것이었다.

붓다가 살아있을 때는 '해라', '하지 마라' 등 잔소리가 많았는데 이제 붓다가 사라졌으니 우리 마음대로 하고 살자.

수밧다 비구의 말이 경전 결집의 계기가 됨.

마하깟사빠

대가섭, 부처님의 수제자

경과 율의 결집 필요성 절감
500명의 아라한을 소집함.

계율은 우빨라가 낭송

경은 아난다가 낭송

500명의 아라한 비구가 확인

일시: 붓다 열반 직후

장소: 칠엽굴

결집(結集) 산스끄리뜨어 상기띠 (samgiti)를 번역한 말. 합송(合誦), 합주(合奏)라고도 한다. 붓다의 제자들이 한 장소에 모여 각자 기억하고 있는 가르침을 함께 읊으며 내용을 확인하고, 이의가 전혀 없다는 사실을 표명함으로써 불설(佛說)을 확정해 가는 방식으로 이루어지는 일종의 성전편찬회의를 말한다.

마하깟사빠(Mahākassapa) 붓다의 10대 제자 가운데 한 명. 평생 고행에 가까운 철저한 두타행 수행으로 붓다의 제자 가운데 두타제일(頭陀第一)이라 한다. 불멸 후, 500명의 아라한을 소집하여 라자가하(왕사성)의 칠엽굴에서 첫 번째 성전편찬회의를 실행함으로써 승가의 동요와 분열을 막는 데 크게 공헌했다.

웨살리의 경전 편찬 회의와 열 가지 논쟁

붓다가 한 번 제정한 것은 바꾸지도 폐지하지도 않는다는 불제불개변(佛制不改變) 원칙 선언에 따라 율에 대한 재해석의 문이 닫혀버리자, 이를 해결하기 위해 편법이 활용되었는데, 이것을 정법(淨法)이라고 한다. 정법이란 말하자면 율장의 조문은 그대로 둔 채 편법을 동원하여 합법적으로 만드는 것을 통해 그 적용 범위를 넓혀 죄가 되지 않도록 한 것이다.

불멸 후 100년경에 웨살리(비사리)의 한 승가에서 발생한 열 가지 사건[十事]이야말로 편법의 허용 범위를 둘러싼 대표적인 사건이다. 웨살리의 왓지 족 출신의 비구들은 포살일에 커다란 그릇에 물을 채워 놓고 재가신자들에게 그 안에 금전을 던지게 하는 방법으로 보시를 받고 있었다. 율에 따르면, 비구는 금전을 직접 손으로 받을 수 없기 때문에 물이라는 매개체로 받는 편법을 통해 율을 어기지 않으면서도 현실에 부합하는 방법으로 보시를 받고 있었던 것이었다.

그런데 마침 다른 지방에서 온 야사(Yasa)라는 비구가 이 광경을 보고 율에 어긋나는 행위라며 문제를 제기하고 인도 각지에서 자신의 의견을 지지해 줄 비구들을 소집했다. 왓지 족 출신의 비구들은 이 금전 수납 외에도 율에 어긋나는 아홉 가지 행동을 더 하고 있었다. 이 열 가지 행동에 대한 옳고 그름을 가리기 위해 웨살리에서 승가회의가 열렸다. 그리고 10사 대부분이 율에 비추어 합당하지 않다는 결론이 내려졌다. 이를 제 2 결집, 혹은 웨살리 결집이라고 하며, 혹은 참가한 인원이 700명이었다고 하여 '칠백결집(七百結集)'이라고도 부른다.

스리랑카의 초기 빨리 연대기인 『디빠왕사』나 『마하왕사』 등에 의하면, 왓지 족 출신의 비구들은 '10사가 율에 어긋난다'는 판결에 불만을 갖고 기존의 승가를 이탈하여 대합송(大合誦, Mahāsaṃgīti)이라 불리는 다른 결집을 했다고 한다. 이를 계기로 불교교단은 왓지 족 출신의 비구들을 지지하는 진보적인 성향의 대중부(大衆部)와 이에 대항하는 보수적인 상좌부(上座部)로 분열했다고 한다.

논쟁으로 웨살리에서 경전을 편찬하다

붓다 입멸 후 100여 년경, 웨살리의 한 승가에서 발생한
금은수납 사건이 웨살리 결집의 계기가 됨.

웨살리 승가

왓지 족 출신의 비구들
"금전이나 은전을
보시해 주십시오."

야사 비구
"율장에 따르면 비구는
금 은 등 금전을 직접
받을 수 없습나."

↓

정법

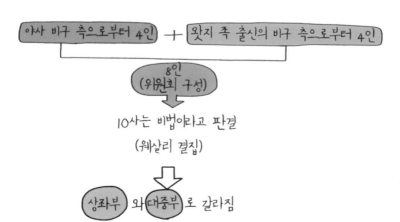

야사 비구 측으로부터 4인 + 왓지 족 출신의 비구 측으로부터 4인

8인
(위원회 구성)

10사는 비법이라고 판결

(웨살리 결집)

↓

상좌부 와 대중부 로 갈라짐

(근본 분열)

『디빠왕사(Dīpavaṃsa, 島史)』
작자 불명. 4세기경에 작성된 최고
(最古)의 스리랑카 빨리연대기이다.
총 22장으로 구성되어 있으며, 붓
다의 간단한 생애와 3회에 걸친 붓
다의 스리랑카 방문, 인도에서 이루
어진 3회의 결집 및 분열 기사, 아
소까 왕의 불교 귀의, 비자야의 내
도(來島), 마힌다의 내도와 스리랑
카 불교의 확립, 스리랑카 제왕(諸
王)의 사적 등을 소개하며 마하세나
(Mahāsena, 334~362)의 치세로
끝맺고 있다.

『마하왕사(Mahāvaṃsa, 大史)』
『디빠왕사』와 더불어 스리랑카의
대표적인 빨리연대기로 꼽힌다. 제
37장 제 50게까지는 5세기 경 아
누라다뿌라에 살고 있던 마하나마
(Mahānāma) 장로에 의해 작성되
었다. 스리랑카 역사의 여명으로부
터 마하세나의 치세까지를 다루고
있는데, 『디빠왕사』에 준하면서 더
욱 다양한 전승을 부가하고, 표현 형
식이나 구성도 정비하고 있다. 이후
13세기에 담마낏띠(Dhammakitti)
장로는 제 37장 제 51게부터 제 79
장까지 추가 편찬하였으며, 그 후 순
차적으로 여러 사람의 손이 가해져
제 101장 제 29게에 이르게 된다.
W.Geiger 교수는 담마낏띠 장로
이후의 증보 부분을 출라왕사(Cūḷ
avaṃsa, 小史)라고 하여 그 이전의
『마하왕사』와 구별하기도 한다.

비구 대천의 다섯 가지 문제제기[大天의 五事]

설일체유부의 『이부종륜론』이나 『대비바사론』 등에 의하면, 불멸 후 100년경에 대천(大天, Mahādeva)이라는 비구가 아라한의 본질에 관한 다섯 가지 주장[五事]을 제기하고, 이에 대해 찬반이 나뉜 결과, 교단은 상좌부와 대중부로 분열했다고 한다. 교단이 분열하게 된 원인에 대하여 빨리상좌부 계통에서는 웨살리의 경전 편찬회의에서 있었던 열가지 사건[十事]을 근본 분열의 원인으로 전하지만, 설일체유부 계통에서는 이 대천의 오사가 분열의 원인이 되었다고 전한다.

대천의 5사는 여소유(餘所誘), 무지(無知), 의념(疑念), 타인에 의한 교시(教示), 도인성고기(道因聲故起) 등으로 전통적 보수주의 불교를 반대하고 내세운 새로운 다섯 가지의 주장을 말한다.

여소유란 아라한도 타인의 유혹을 받을 수 있다는 주장이다. 자다가 몽정을 한 대천의 속옷을 세탁하다 의문을 느낀 제자가 "아라한은 이미 모든 번뇌를 끊은 존재인데, 어찌 이런 일이 생길 수 있습니까?"라고 물었다.

이에 대해 대천은 천마의 유혹을 받았기 때문이라고 하며, 누실(漏失)에는 번뇌에 의한 누실과 부정(不淨)에 의한 누실 두 가지가 있는데, 아라한에게는 번뇌에 의한 누실은 없지만 부정(不淨, 몽정)에 의한 누실은 벗어날 수 없다고 했다.

또한 대천은 무지(無知)에도 두 가지가 있다고 하면서 아라한에게는 무명(無明)으로 인한 무지는 없지만, 처음 보는 남녀나 나무, 풀이름 등 일상적인 것에 관한 무지는 있을 수 있다고 주장한다.

의념(疑念)이란 의혹을 말하는 것으로, 아라한은 근본적인 진리에 대해 의심하는 수면의(隨眠疑)는 끊어 없앴지만, 밤에 나무를 보고 사람으로 착각하는 것과 같은 상황에 대한 의혹인 처비처의(處非處疑)는 아직 끊지 못했다고 하는 주장이다.

타인에 의한 교시란 깨달음을 얻었을 때 아라한은 그 사실을 스스로는 알 수

비구 대천이 다섯 가지 문제를 제기하다

불멸(붓다 열반) 후 100년 경 대천(大天, Mahādeva)이라는
스님이 아라한의 본질에 관한 5가지 주장[五事] 제기

1. 여소유: 아라한도 천마가 요란스럽게 유혹하면 부정(不淨, 정액)이 흘러나올 수 있다.
2. 무지: 아라한에게는 염오무지는 없지만 불염오무지, 즉 처음 보는 것에 대한 무지는 있다는 것
3. 의념: 아라한에게는 번뇌성 의혹은 없지만 옳고 그름에 대해서 즉시 판단할 수 없다는 것
4. 타인에 의한 교시: 자신이 깨달았는지 여부는 타인이 알려주어야만 가능하다는 것
5. 도인성고기: 성도는 언어로 표현된다는 것

기존 승단에서 비난

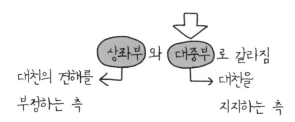

상좌부 와 대중부 로 갈라짐

대천의 견해를 ←   → 대천을
부정하는 측   지지하는 측

설일체유부 계통의 문헌에 전해지는 교단 분열 원인

『이부종륜론(異部宗輪論)』: 설일체유부의 입장에서 부파 분열의 역사와 제 부파가 주장하는 교의의 요점을 기술한 논서. 와수미뜨라(Vasu-mitra, 世友)가 짓고, 662년에 현장(600~664)이 한역했다. 산스끄리뜨 원전은 발견되지 않고 있으나, 티베트 역은 존재한다. 이역(異譯)으로 『부집이론(部執異論)』과 『십팔부론(十八部論)』이 있다.

『대비바사론』: 『대비바사론』은 『발지론』을 설일체유부의 정통설로 자리매김하여 주석하고, 이에 대한 이설을 배제하며 유부의 정통설을 현시한 논서이다. 범본이나 티베트 본은 현존하지 않으며, 656년에 현장이 번역한 한역 200권과 북량(北涼)의 부다발마(浮陀跋摩) 등이 번역한 불완전 역 60권이 있다. 현장은 『대비바사론』의 발문(跋文)에서 붓다 열반 후 400년경에 까니쉬까 왕이 500명의 아라한을 카슈미르에 소집한 후 협존자(脇尊者)나 세우(世友) 등을 중심으로 삼장을 주석하도록 하였는데, 이때의 논장이 『대비바사론』이라고 기술한다. 총 8장으로 구성되며, 설일체유부의 사상과 그 발전상을 상세히 다루고 있다.

없으며 타인이 알려 줌으로써 비로소 자신이 깨달았다는 것을 알 수 있다는 주장이다.

도인성고기란 성도(聖道)는 '괴롭다'라고 외침으로써 나타난다고 하는 주장이다. 많은 죄를 짓기는 했지만, 대천에게는 아직 선근이 남아 있었다. 어느 날 밤 문득 자신의 죄를 떠올리며 고통스러워하다가 '아, 괴롭다'라고 소리쳤다. 이를 들은 제자가 다음 날 아침 그 연유를 묻자, 대천은 "나는 성도를 부른 것이다. 이상하게 생각할 것 없다. 모든 성도는 열심히 괴롭다고 외치며 불러들이지 않으면 결국 나타나지 않는다. 그래서 나는 어제 괴롭다고 소리친 것이다"라고 변명했다고 한다.

아라한의 지위에 관한 대천의 이 다섯 가지 주장을 계기로 승가에서는 논쟁이 발생했고, 사태를 진정시키기 위해 왕까지 개입했다. 하지만 결국 대천을 지지하는 자들은 대중부, 부정하는 자들은 상좌부로 분열하였으며, 상좌부 비구들은 서북 인도인 카슈미르로 가서 정착했다.

비구 대천이 문제를 제기한 까닭

논쟁의 발단

대천의 제자가 대천의 속옷을 빨다가 부정액이 묻은 것을 발견

아라한은 이미 모든 번뇌를 끊은 존재인데 어찌 이런 일이 생길 수 있습니까?

천마의 유혹을 받으면 아라한도 부정액이 흐를 수 있다. 누설에는 번뇌에 의한 누설과 부정에 의한 누설 2가지가 있는데, 아라한에게 번뇌의 누설은 없지만, 부정에 의한 누설은 벗어날 수 없다.

대천의 다섯 가지 주장으로 어떤 것이 참된 붓다의 가르침인지 논쟁 시작

자기 변명의 측면도 강함

어느날 큰 소리로 "아, 괴롭다."고 하는 대천의 말을 듣고 다음 날 아침 제자가 그 연유에 대해 질문하자 궁색하게 변명, 이후 강력하게 성도(聖道)는 언어로 외침으로써 나타난다고 주장.

어제 괴롭다고 크게 소리치셨는데, 아라한도 괴롭습니까?

나는 성도(聖道)를 부른 것야. 모든 성도는 열심히 괴롭다고 외치며 불러들이지 않으면 결국 나타나지 않는다.

대천(大天. Mahādeva) 『대비바사론』에 의하면, 마투라 국에서 상주(商主)의 아들로 태어난 대천은 부모와 아라한을 살해하는 3종의 무간업을 저지른 후 참회의 길을 찾다가 빠딸리뿌뜨라에 있는 계원(鷄園)이라는 승원 앞에서 만난 한 비구의 도움으로 출가하였다. 출가 후 머지않아 삼장을 외우고 이해하는 등 총명하여 왕을 비롯한 많은 이들의 존경을 받았다고 한다.

부파의 성립과 발전

불멸 후 100년경에 이르러 불교 교단은 보수적인 상좌부와 진보적인 대중부 두 파로 갈라졌다. 이것을 근본 분열이라고 하는데, 이로부터 재분열하여 200~300년 동안 18 내지 20부파(部派)로 분열하게 된다. 이를 지말(枝末) 분열이라고 한다. 상좌부 계통의 부파로는 본상좌부, 설일체유부, 독자부, 법상부, 현주부, 정량부, 밀림산부, 화지부, 법장부, 음광부, 경량부 등이 있으며, 대중부 계통의 부파로는 일설부, 설출세부, 계윤부, 다문부, 설가부, 제다산부, 서산주부, 북산주부 등이 있다.

근본 분열, 즉 상좌부와 대중부의 분열은 주로 계율에 관한 해석상의 차이 때문에 발생했다. 그러나 그 이후에는 교의의 차이, 지역의 차이 등 다양한 원인에 의해 분열해갔다. 18개 혹은 20여 개의 부파가 발생, 병존하던 이 시기를 '부파불교시대'라고 한다. 각 부파는 경과 율에 대해 다양한 해석을 내놓으며 서로 자신들의 정통성을 주장하는 논쟁을 펼쳤다.

각 부파가 붓다의 가르침을 연구하여 독자적인 해석을 가미한 결과, 아비다르마(abhidharma, 법에 대한 연구), 즉 붓다의 가르침에 대한 연구라 불리는 교학이 확립되었다. 부파불교시대에는 붓다의 가르침을 학문적으로 연구하여 이론화하는 작업이 체계적으로 이루어졌다. 이렇게 해서 각 부파마다 자파의 입장을 정리한 논서(論書)가 제작되어 논장(論藏)이 형성됨으로써, 기존의 경장(經藏)과 율장(律藏)에 더하여 경·율·논 삼장이 완성되었다. 이 부파들 중에서도 설일체유부와 빨리상좌부 소속의 논서만 비교적 완전한 형태로 현존하며, 다른 부파에서 정리한 논서는 약간 남아 있는 자료를 통해 단편적으로 접할 수 있을 뿐이다.

부파불교시대의 교리 분류나 체계화 작업은 교리의 확립에서는 크게 기여했지만, 신앙적인 차원에서 불교도들의 요구는 충족시켜 주지 못했다. 이는 기원 전후 대승불교라는 새로운 운동이 발생하는 주된 요인으로 작용했다.

교학이 발전하고 부파가 성립하다

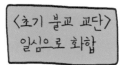
〈초기 불교 교단〉
일심으로 화합

붓다 사후 100년경에 2개 파로 분열 시작
이것을 근본분열이라고 함.

상좌부   대중부
보수파   VS   진보파

이후 18~20개 부파로 분열. 이것을 지말분열이라고 함.

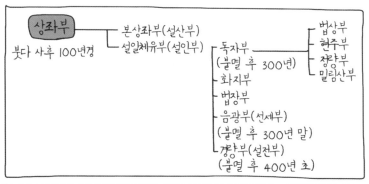

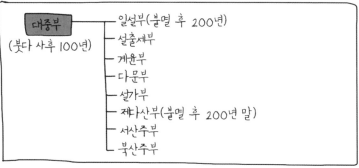

삼장(三藏, tri-pitaka) 불교성전을 3종으로 분류한 것. 장(藏)이란 산스끄리뜨어 삐따까(pitaka)의 한역으로 바구니나 용기를 의미하므로, 삼장이란 세 바구니에 담은 가르침이라는 뜻이다. 붓다 입멸 후 제1 결집에서 붓다의 교리적 가르침과 제자들을 위한 생활 규정을 모아 각각 경장(經藏, sūtra-pitaka)과 율장(律藏, vinaya-pitaka)이 완성되었다. 그 후 부파시대에 들어가면, 각 부파에서는 경장과 율장을 기반으로 하면서도 자신들의 입장에 맞게 붓다의 가르침을 논리적으로 분류·정리한다. 이렇게 해서 탄생한 것이 일종의 철학서인 논장(論藏, abhidharma-pitaka)이다.

빠르슈바(Pārsva, 脇尊者) 설일체유부의 학승. 까니쉬까 왕의 후원 하에 500여 명의 아라한을 모아 와수미뜨라와 함께 『대비바사론』을 편찬하는 데 중심적 역할을 했다. 협(脇)이란 산스끄리뜨어 빠르슈바(Pārsva)의 의역으로, 노년에 출가하였기 때문에 하루라도 빨리 깨달음을 얻기 위해 옆구리[脇]를 땅에 대지 않을 정도로, 다시 말해 자지 않고 밤낮없이 열심히 수행한 데서 이 호칭이 비롯되었다고 한다.

아소까 왕의 불교 보호와 전파

기원전 317년에 짠드라굽따가 인도 최초의 통일 대제국인 마우리야 왕조를 세운 후, 제3대 아소까 왕(B.C. 268~232 재위)에 이르러 왕조의 번영은 최고점에 달했다. 아소까 왕은 즉위 8년째 되는 해에 깔링가 지역을 정복하여 인도를 통일했지만, 살생 등 전쟁이 남긴 대 참상에 깊이 고뇌하다가 불교에 귀의했다고 한다. 왕은 무력에 의한 정복이 아닌 '다르마(dharma, 법)'에 의한 정복이야말로 최상의 정복이라 생각했다. 그리하여 다르마에 의한 통치를 선언하고, 자신의 정책을 새긴 석주(石柱, 돌기둥)나 암벽을 인도 각지에 세워 만천하에 공표했다.

왕은 모든 생명체를 소중히 여겨 불살생을 강조했으며, 사람과 동물을 위해 의료시설을 마련해 두었고, 여행자를 배려하여 음료수와 숙박소, 혹은 길가에 가로수를 심어 여행하다가 쉴 수 있는 그늘을 만들기도 했다. 또한 법대관(法大官)을 설치하여 자신의 정책이 잘 실현되고 있는지 여부를 항상 확인하는 등, 자신의 영토 안에 머무는 모든 생류들이 행복한 삶을 누릴 수 있도록 노력했다.

이와 같은 다르마 정책의 기반에는 불교 사상이 깔려 있으며, 왕과 불교와의 밀접한 관련은 석주에 새겨진 법칙을 통해 확인할 수 있다. 즉위 10년에 반포된 법칙에 의하면, 불교에 귀의한 왕은 붓다가 성도한 붓다가야를 시작으로 성지순례를 시작했다. 붓다가 태어난 룸비니 마을에는 석주를 세워 붓다의 탄생지를 기념하고 룸비니 마을의 세금을 면제해 주었다고 한다. 또한 불교 승가에 큰 보시를 했다. 아소까 원(園)이라고 하는 큰 정사를 만들어 6만 명의 비구들에게 항상 공양을 베풀었으며, 붓다가 8만 4천의 법문을 설했다는 사실을 알고는 하나하나의 법문을 하나하나의 정사로 공양하고자 8만 4천의 도성(都城)에 8만 4천의 정사를 만들게 했다고 한다. 그리고 인도 내외로 불법을 전하는 전도사를 파견하여 불교의 전파와 흥륭에 크게 기여했다. 아소까 왕은 불교도들에게 세속의 이상적 전륜성왕으로 추앙받았다.

아소까 왕, 불교를 널리 전하다

아소까 왕(재위 B. C. 268~232)
마우리야 왕조의 제3대 왕
깔랑가 전쟁을 계기로 불교에 귀의

붓다의 가르침을 바탕으로 모든 생명이 행복한 삶을 누릴 수
있도록 국가를 통치, 특히 불살생을 중시

인도 전역에 석주나 암벽 등에 불교와 관련된 내용의 칙령을 새겨 공표
붓다가 탄생한 룸비니와 성도지인 붓다가야 등을 순례.
룸비니에서는 이곳이 붓다의 탄생지임을 기념하는 석주를 세움,
지금도 있음.

성도지 붓다가야

탄생지
룸비니

순례

처음으로 가르침을
설한 녹야원

열반지 꾸시나가라

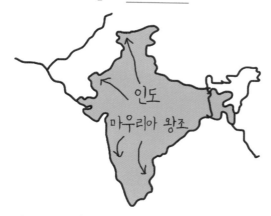

인도 내외 각지로 불법을 전하는 전도사 파견

불교가 북인도에서 인도 전역으로 퍼진 것은 아소까 왕의
열성적인 보시와 전법 덕분이었다. 아소까 왕은 전륜성왕으로
추앙 받음.

아소까 법칙(法勅) 아소까 왕이 자신의 치적이나 공표 사항을 석주나 마애 등에 새긴 것. 1837년에 제임스 프린셉(James Prinsep)이 문자 해독에 성공하면서 그 내용이 널리 알려지게 되었다. 내용과 새겨진 비석의 종류에 따라 분류하면, 14장 마애법칙, 별각(別刻)마애법칙, 소마애법칙, 7장 석주법칙, 소석주법칙, 동원각문(洞院刻文), 황후(皇后)법칙의 7종이 있다.

빠딸리뿟따의 경전 편찬과 전도사 파견

아소까 왕이 8만 4천 개의 정사를 건립하고 승가에 많은 공양을 함으로써 불교 교단이 크게 번영하자, 그 이익과 공경을 탐낸 자들이 몰래 승가의 일원으로 숨어들어 생활했다. 이들은 비구가 되기 위해 반드시 필요한 절차인 구족계 수지를 거치지 않은 자들이라 해서 적주비구(賊住比丘, 가짜 비구승)라고 불렸다. 이로 인해 마우리야 왕조의 수도 빠딸리뿟따의 아소까 원에서는 적주비구들의 방해로 7년째 포살이 이뤄지지 못하는 등 큰 혼란이 발생했다. 이에 대신을 보내 해결을 시도했다가 실패하자 아소까 왕이 당시 최고의 장로로 존경받던 목갈리뿟따 띳사(Moggaliputta Tissa)의 도움을 받아 직접 교단 정화에 나섰다.

목갈리뿟따 띳사는 비구 한 명 한 명을 불러 "붓다는 무슨 설자(說者)인가?"라고 물어, "분별설자입니다"라고 대답하는 자들만 남기고 나머지는 모두 환속시켰다. 그리고 1,000명의 비구를 소집하여 9개월 동안 법의 결집(편찬)을 행하고, 이설(異說)을 타파한 후 『논사』를 편찬했다. 남방의 기록에서는 이 결집을 왕사성 결집과 웨살리 결집에 이은 제3 결집으로 헤아린다.

제3 결집을 주도한 목갈리뿟따 띳사는 결집 후 인도 내외의 아홉 지역으로 전도사를 파견하였다. 정법을 펴기 위해서였는데, 이 아홉 장소는 대부분 변경지역이었다. 현재의 스리랑카인 랑카(Laṅkā) 섬, 그리고 논의의 여지는 있지만 미얀마의 서해안 지역을 가리키는 것으로 보이는 수완나브후미(Suvaṇṇabhūmi) 등도 포함되어 있어 당시 매우 광범위한 지역에 전도가 이루어졌음을 알 수 있다.

각 지역으로 파견된 전도사는 율사(律師)를 포함하여 반드시 5명 이상으로 구성되었는데, 율장에 따르면 변방에서 구족계의식을 거행할 수 있는 승려의 수는 5명이기 때문이다. 각 지역으로 파견된 전도사들은 토착신앙과의 충돌이 불가피했다. 그러나 설법과 신통력 등으로 왕족으로부터 일반 민중에 이르기까지 폭넓은 귀의를 받으며 성공적으로 정착해 갔다.

빠딸리뿟따의 경전 편찬과 전도사 파견

I,OOO명의 비구를 소집, 이설(異說)을 걸러 냄.

논사(論事, Kathāvatthu)를 편찬

전도사 파견

지역명	파견된 비구의 이름
I. Kasmīra-Gandhāra(서북인도)	Majjhantika
2. Mahisakamandala(남인도)	Mahādeva
3. Vanavāsi(데칸 서남부)	Rakkhita
4. Aparantaka(인도 서해안 지방)	Yonaka-Dhammarakkhita
5. Mahāratṭha(데칸 서북부)	Mahādhammarakkhita
6. Yonakaloka(북인도 그리스인의 거주지역)	Mahārakkhita
7. Himavanta(히말라야 지방)	Majjhima
8. Suvaṇṇabhūmi(벵갈 지방 혹은 미얀마 하부)	Soṇaka, Uttara
9. Tambapaṇṇidīpa(스랑까)	Mahinda, Iṭṭhiya, Uttiya, Sambala, Bhaddasāla

목갈리뿟따 띳사(Moggaliputta Tissa) 아소까 왕 당시 교단에서 크게 존경받고 있던 고승. 빨리 문헌에서는 아소까 왕을 도와 교단 정화를 실시하고 제3결집과 전도사 파견을 실시한 인물로 전해진다. 한편, 설일체유부 계통의 문헌에서는 아소까 왕과 친분이 있던 당시의 고승으로 목갈리뿟따 띳사가 아닌 우빠굽따(Upagupta)가 자주 등장한다.

마힌다 스님의 스리랑카 전도

아소까 왕 시대에 이루어진 전도사 파견으로 스리랑카에도 정식으로 불교가 전해졌다. 이때 전도사 자격으로 스리랑카에 파견된 인물은 아소까 왕의 아들 마힌다이다. 그는 다른 4명의 비구, 그리고 여동생 상가밋따(Saṁghamittā)의 아들인 수마나 사미, 우바새(남성 신도)인 반두까와 더불어 허공으로 날아올라 아누라다뿌라 동쪽에 있는 밋사까 산에 내렸다고 한다.

스리랑카의 왕이었던 데와남삐야 띳사는 자신의 즉위식 때 아소까 왕이 보낸 선물과 불교 귀의를 권유하는 편지 등을 통해 이미 불교에 대하여 호의를 갖고 있었다. 그러던 차에 마힌다 장로 일행이 방문하자 망설임 없이 환영했다.

마힌다 장로는 왕의 마음을 시험하기 위해 두세 가지 질문을 던졌다. 왕이 현자라는 것을 안 마힌다 장로는 붓다의 위대한 족적을 코끼리의 족적에 비유한 『소상적유경(小象跡喩經)』을 설했다. 이를 듣고 왕을 비롯한 4만여 명의 사람들이 삼귀의를 표명할 정도로 호응이 대단했으며, 이후로도 마힌다 장로의 설법을 통해 수많은 사람들이 불교에 귀의했다. 이를 시작으로 스리랑카 불교는 국가의 후원과 관심 속에 크게 발전해 갔다. 마힌다는 32세(법랍 18세)에 처음으로 스리랑카를 방문하여 80세에 입멸할 때까지 '랑까(Laṇkā, 스리랑카) 섬에 등불을 밝힌 자'라고 추앙받을 정도로 스리랑카 불교 발전에 지대한 영향을 미쳤다.

스리랑카의 왕은 마힌다 장로 일행에게 마하메가(Mahāmegha, 大雲) 숲을 기증했다. 마힌다 장로는 이 숲에 마하비하라(Mahāvihāra, 大寺)라는 대사원을 지었다. 이 사원은 스리랑카의 최초의 사원으로서 상좌부 불교의 거점이 되었으며, 스리랑카 불교가 상좌부 불교의 중심지로 발전하는 기반을 마련했다. 11명의 비구니와 함께 스리랑카에 온 마힌다의 여동생 상가밋따 비구니는 스리랑카에 비구니 승가가 탄생하는 데 기여했다. 또한 스리랑카에 보리수 가지를 전하여 불교 신앙의 확립에도 큰 역할을 했다.

마힌다 스님, 스리랑카에 불교를 전하다

아소까 왕의 아들인 고승 마힌다(Mahinda) 스님이 전법

마우리아 왕조
중심지:빠딸리뿟따

스리랑카

기원전 3세기경 고승 마힌다가 주도. 그외 4명의 비구(잇티야, 웃띠야, 밧다살라, 삼발라), 사미승 수마나, 재가신자 반두까가 함께 노력

스리랑카 왕에게 [소상적유경] 설법

이 설법을 듣고 왕을 비롯하여 4만 명이 감동함.

그 후, 마힌다의 여동생이자 아소까 왕의 딸인 상가밋따 비구니가 11명의 비구니와 함께 보리수 나뭇가지를 스리랑카에 전함.

스리랑카에 최초로 비구니 승가 탄생

포살(布薩, uposatha) 보름마다 한 번씩 실행되는 불교승가의 정기 행사. 율 조문을 모아 놓은 바라제목차(波羅提木叉)를 낭송하며 보름 동안 자기 자신과 다른 사람들의 범계(犯戒) 여부를 돌아보고 청정 여부를 확인하는 것을 목적으로 한다.

분별설자(分別說者, vibhajjavādin) 분별은 vibhajja를 번역한 것으로 이는 분석 혹은 분류 등을 의미한다. 따라서 분별설자란 분석적인 혹은 이성적인 주장이나 교리를 의미한다. 사물을 분석하고 현상을 관찰하여 있는 그대로 파악하고자 하는 것을 불교의 특징으로 보고 있는 것이다.

『논사(論事, kathāvatthu)』 스리랑카의 대사파(大寺派)가 전승한 분별상좌부의 교리로부터 다른 제 부파의 학설을 논파한 논서. 아소까 왕의 치하에서 일어났던 빠딸리뿟따 결집 때 목갈리뿟따 띳사가 편집했다고 전해지지만, 부파분열 이후의 여러 부파의 교리를 비판하고 있다는 점에서 이 문헌의 성립은 부파성립 이후, 즉 기원전 2세기 후반이라고 보는 것이 일반적인 학설이다.

경율론 삼장(三藏)의 성립

붓다의 가르침은 불멸 후 제자들에 의해 경장(經藏, sūtra-piṭaka)과 율장(律藏, vinaya-piṭaka)으로 정리되었다. 경장은 교리적인 가르침, 율장은 승가의 구성원으로서 지켜야 할 생활규칙을 모아 놓은 것이다.

경장은 5부 니까야(nikāya, 部)로 구성된다. 디가 니까야(Dīgha-nikāya, 長部), 맛지마 니까야(Majjhima-nikāya, 中部), 상윳따 니까야(Saṃyutta-nikāya, 相應部), 앙굿따라 니까야(Aṅguttara-nikāya, 增支部), 쿳다까 니까야(Khuddaka-nikāya, 小部)이다. 디가 니까야는 34개의 긴 경, 맛지마 니까야는 152개의 중간 길이의 경, 상윳따 니까야는 내용적으로 동일한 주제나 서로 관련된 항목의 경, 앙굿따라 니까야는 법수(法數)를 주제로 경을 편집한 것이다. 쿳다까 니까야는 이 외 15종의 경을 모아 놓은 것이다. 이 다섯 니까야는 빨리어로 전승되어 현존한다. 한편 한역되어 현존하는 것도 있는데, 디가 니까야는 장아함, 맛지마 니까야는 중아함, 상윳따 니까야는 잡아함, 앙굿따라 니까야는 증일아함에 각각 상응한다.

율장은 경분별(經分別, suttavibhaṅga), 건도부(犍度部, khandhaka), 부수(附隨, parivāra)로 구성된다. 경분별이란 비구·비구니가 개인적으로 지켜야 할 조문을 모아놓은 바라제목차(波羅提木叉)라는 조문집에 대한 주석이며, 건도부는 승가 행사와 관련하여 적극적으로 실행해야 할 규칙들을 담고 있다. 부수는 이 두 부분에 나오는 핵심 내용을 외우기 쉽도록 정리한 것이다. 분별상좌부의 위나야 삐따까(Vinaya-piṭaka)를 비롯하여, 법장부의 『사분율』, 화지부의 『오분율』, 대중부의 『마하승기율』, 설일체유부의 『십송률』, 근본설일체유부의 『근본설일체유부비나야잡사』라고 하여, 총 6종의 율장이 현존한다.

경장과 율장은 제1 결집 때 붓다의 제자들이 암송을 통해 집성한 것으로 붓다의 직설을 표방한다. 한편, 부파분열 후 각 부파들은 자신들의 입장에서 붓다의 가르침을 정리·해설하게 되는데, 이를 모아 놓은 것이 논장(論藏, abhidharma-piṭaka)이다. 경장·율장·논장을 합하여 삼장(三藏)이라고 한다.

불교경전의 성립과 발전

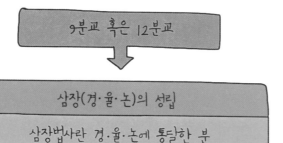

9분교(九分敎, navanga-sāsana)
4아함 내지 5니까야 이전에 붓다의
가르침을 정리하던 방법. 부파에 따
라 차이가 있어 빨리경전과 대중부
의 『마하승기율』에서는 9분교를 말
하지만, 법장부·유부·화지부 계통
에서는 12분교를 말한다.

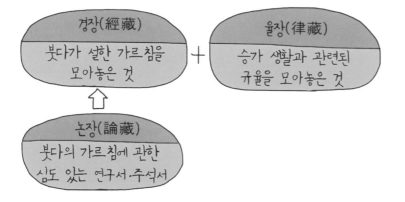

각 부파는 붓다의 가르침을 학문적으로 연구하며 독자적인
해석을 전개한 논장을 성립시켰다.

부파불교는 역사적인 명칭이고
아비달마 불교는 학문적인 명칭으로
'붓다의 가르침에 관한 연구'라는 뜻

129

불탑 숭배

열반 후 붓다의 사리(유골)는 마가다 국, 웨살리의 릿차비 족 등 각국에서 몰려든 사람들에 의해 여덟 곳에 나누어져 8개의 불탑으로 건립되었다. 이를 팔분골 전설이라 한다. 한편 유골을 담았던 병과 화장 후 남은 재도 탑으로 건립되었다. 당시의 인도 아리야 문화에서 주검은 일반적으로 화장되었는데, 붓다와 같은 종교적 성자의 경우 사리탑을 건립하여 공양·예배하는 습관은 보이지 않는다. 그런데 불교도 사이에서는 사리탑을 건립하여 숭배하는 풍습이 매우 성행했다.

마우리야 왕조 시대에 이르러 아소까 왕은 붓다의 유골이 안치되어 있는 8개의 불탑을 해체하여 불사리를 모은 후 다시 이를 나누어 8만 4천 개의 불탑을 세웠다고 한다. 8만 4천이라는 숫자를 그대로 믿을 수는 없지만, 이를 통해 당시 일반 민중들 사이에서 얼마나 불탑신앙이 성행했는가를 엿볼 수 있다. 붓다 사후에 그를 추억하고 숭배하는 불교도에게 있어 불탑은 곧 붓다 그 자체로 인식되었으며, 출가자와 재가자를 불문하고 중요한 신앙의 대상이 되었다.

불탑은 스뚜빠(stūpa)라고 하는데, 외형은 간단하여 원형의 기단 위에 발우를 엎어놓은 듯한 복발형(覆鉢形)의 탑체(塔體)를 쌓아 올리고, 그 위에 상자 모양의 평두(平頭)를 얹고, 다시 그 위에 귀천의 차별이나 성스러운 장소임을 표시하는 우산 모양의 산개(傘蓋)를 올려놓는다. 사리는 탑 본체의 중앙 근방에 용기 속에 넣어 묻었으며, 탑 전체를 흙과 돌로 채웠다. 후대에는 탑 주위에 난순(欄楯)이라고 하여 사람들이 주변을 예배하면서 돌 수 있도록 난간을 만들기도 했으며, 사방에 또라나(toraṇa)라 불리는 네 개의 문을 세우기도 했다. 난순이나 또라나에는 석가보살이 과거생에 행했던 갖가지 선행 이야기인 자따까, 그리고 현생에서의 붓다의 전기(傳記)와 관련 있는 갖가지 설화들이 조각되었다.

사리 분배와 불탑 숭배

붓다의 사리(유골)는 여덟 등분하여 인도 각국에 모셔졌다.
탑을 세워 그 속에 모심.

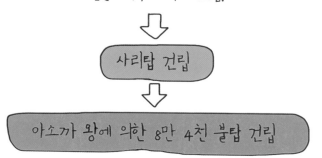

사리탑 건립

아소까 왕에 의한 8만 4천 불탑 건립

그 후 아소까 왕은 8개의 불탑 가운데 하나를 제외하고 7탑을
해체하여 사리를 모은 후 다시 나누어 8만 4천 개의 불탑을 세움.

유명한 산치대탑
불탑 모양은 복발형(伏鉢形, 발우를 엎은 형태)

팔분골(八分骨) 붓다의 열반 후, 유해는 꾸시나가라의 말라 족에 의해 거두어져 화장으로 장례가 진행되었다. 붓다의 열반 소식을 전해들은 일곱 부족이 각각 자신의 땅에 붓다의 사리를 넣은 스뚜빠를 건립하여 공양하고자 말라 족에게 사신을 보내 사리 분배를 요청한다. 말라 족은 처음에 이를 거부하지만, 도나라는 한 바라문의 설득으로 평등하게 사리를 8분(八分)하여 나누어 가졌다고 한다. 한편, 뒤늦게 찾아 온 삡빨라 마을의 모리야 족에게는 줄 유골이 없었기 때문에 화장하고 남은 재를 주고, 중재자였던 도나는 사리를 담은 병을 받았다. 사리를 얻은 사람들은 고향으로 돌아가 각지에 이것을 봉안하는 스뚜빠를 세웠다. 이렇게 해서 8개의 사리탑과 제 9의 도나의 병탑, 제 10의 재탑이 만들어지게 되었다.

까니쉬까 왕과 제 4차 경전 편찬[結集]

1세기 후반에서 3세기에 걸쳐 널리 서북인도를 지배하며 융성했던 쿠산 왕조의 제 3대 까니쉬까 왕은 불교를 매우 신봉, 외호했다. 왕은 많은 불탑을 건립했는데 그 가운데서도 현재 파키스탄의 페샤와르 근처에 있는 샤지키델리에 건립된 까니쉬까 대탑이 가장 유명하다. 이곳에 안치된 사리 용기의 명문에는 이 탑이 설일체유부에 기증된 것이라고 적혀 있다. 까니쉬까 왕은 불교의 여러 부파 가운데서도 특히 설일체유부 교단을 지지했다. 그는 설일체유부가 안정된 환경에서 교학을 발전시켜 나갈 수 있는 경제적 기반을 제공했다.

까니쉬까 왕은 설일체유부의 빠르슈바에게 귀의하고 그의 권유로 카슈미르에서 경·율·논 삼장을 편찬했다고 한다. 빠르슈바를 통해 불교 교단 내에 여러 부파가 있고 각 부파마다 교의를 달리한다는 사실을 알게 된 왕은 이설(異說)을 통일하고자 설일체유부 소속의 500명의 아라한을 소집하여 결집(結集, 경전 편찬)을 한 것이다. 이를 일반적으로 제 4차 결집이라고 한다. 와수미뜨라가 의장을 맡고, 아슈바고샤의 보좌로 이루어졌다.

이 결집의 목적은 설일체유부의 입장에서 삼장을 정리하는 것이었다. 먼저 경장 10만 송(頌)을 해석하고, 이어 율장 10만 송을, 그리고 논장 10만 송을 해석하였다. 경·율·논을 합하여 모두 30만 송을 결집한 후, 이를 동판에 새겨서 탑 안에 안치했다고 한다. 제 4차 결집의 주요 성과는 현존하는 현장 역『아비달마대비바사론(阿毘達磨大毘婆沙論)』200권을 통해 엿볼 수 있다. 이 책은 설일체유부의 근본 교학을 확립한『아비달마발지론』의 주석서로, 이 저작을 통해 전통불교의 교의가 완성되었다고 평가받고 있다.

까니쉬까 왕이 제 4차 경전을 편찬하다

까니쉬까 왕(재위 127~151)
서북인도 쿠산 왕조의 제 3대 왕
불교를 깊이 신봉·외호

설일체유부 교단을 지지
이 부파의 빠르슈바에게 귀의

카슈미르에 500명의 아라한을 모아
설일체유부의 입장에서 삼장 편찬(제 4차 결집)

와수미뜨라 ＋ 아슈바고샤 ＋ 500명의
(의장)　　　 (보좌)　　　 아라한 참석

쿠산 왕조 1세기 후반에서 3세기 전반에 걸쳐 융성했던 인도의 통일 왕조. 아소까 왕 이후에 출현한 최대의 왕국이다. 돈황과 기련 산맥에 살던 월지(月氏)에 속한 5인의 부족장 가운데 가장 강력한 쿠산[貴霜]이 다른 4부족을 통일하며 세력을 확장해갔다. 제 3대 까니쉬까 왕 때 중앙 아시아에서 아프가니스탄, 서북인도와 북인도에 걸쳐 대제국을 건설하는 등 최고의 융성기를 맞이하다가, 3세기 중반 무렵 페르시아의 사산 왕조에 의해 멸망하였다.

까니쉬까(Kaniska) 왕 쿠산 왕조의 제 3대 왕. 생몰연대는 명확하지 않으나, 2세기경에 생존했다는 점에 대해서는 큰 이견이 없다. 설일체유부를 깊이 신봉하여 제 4차 결집을 후원하였다. 그의 시대에 불상이 생겨나 간다라 불교 미술이 크게 융성하였고, 불교는 중앙아시아와 실크로드로 퍼져가게 된다.

까니쉬까 대탑 쿠산 왕조의 제3대 까니쉬까 왕이 즉위 직후 수도 뿌루샤뿌라(현재 파키스탄의 페샤와르)에 건립한 대탑. 이 대탑은 승원과 그 부속 건물을 포함해 까니쉬까 가람이라고도 한다. 20세기 초에 실시된 발굴조사 결과, 대탑의 터가 샤지키 데리에서 드러났으며, 남은 탑기(塔基) 내부에서 까니쉬까 왕의 명기(銘記)가 있는 불상이 붙은 금동제 사리용기가 출토되었다. 또한 비문에 의해 이 가람이 설일체유부에 소속인것도 밝혀졌다.

와수미뜨라(Vasumitra, 世友) 설일체유부의 논사(論師). 제 4 결집 당시 의장을 맡았다. 설일체유부의 논서인 『품류족론(品類足論)』 및 『이부종륜론』의 저자로 알려지며, 묘음(妙音, Ghosaka)·법구(法救, Dharmatrāta)·각천(覺天, Bud-dhadeva)과 더불어 바사(婆沙)의 4평가(評家)로 유명하다.

불상의 탄생

붓다의 열반 후, 불교도들은 육체를 버리고 참된 열반의 경지에 들어간 성스러운 붓다를 인간의 모습으로 조각하는 것을 꺼렸다. 성스러움과 신성성(神聖性)이 감소될 수 있기 때문이었다. 붓다에 대한 상징은 주로 붓다가 평소 좌선·명상했던 보리수, 둥그런 모양의 불좌(佛座), 산개(傘蓋)를 세운 불좌, 불족적(佛足跡, 돌에 새겨진 붓다 발자국), 불탑 등과 같은 갖가지 모양으로 붓다의 존재를 대신 표현했다. 기원전 3~2세기경에 조성된 바르후트 불탑이나 산치 대탑의 난순(欄楯) 혹은 문기둥 등에 보이는 전생도(前生圖, 붓다 전생 그림)나 불전도(佛傳圖, 붓다 전기 그림)에는 붓다가 있어야 할 자리에 보리수 등이 새겨져 있다. 이 시기의 불전도에는 깨달음을 이루어 붓다가 된 모습은 물론이거니와, 그 이전의 태자 시절의 모습도 인간의 형상으로 표현하지 않고 있다. 이런 경향은 1세기까지 계속되었으며, 이 시기를 무불상기(無佛像期, 불상이 없던 시기)라고 부른다.

불상은 1세기 중반 무렵, 파키스탄의 간다라 지방에서 처음 만들어졌다. 불상 탄생의 배경은 아직 분명하게 밝혀져 있지 않다. 그러나 학자들은 서방문화의 자극을 받은 서북인도의 불교도들이 당시 진행되고 있었던 붓다의 신격화 등으로 인하여, 예배할 수 있는 상징적인 대상으로 불상을 제작했을 것으로 추측하고 있다. 또 그리스 조각상의 영향을 받았을 것으로 추정하고 있다.

불상의 탄생으로 인해 붓다의 이미지를 명상하는 관불삼매 등의 수행이 발전했으며, 또한 예배의례 역시 발전하였다. 거의 같은 시기에 인도의 마투라 지역에서도 불상이 만들어지기 시작했다. 간다라 지방에서 제작된 불상은 그리스 조형미술의 영향을 받아 헬레니즘적 특징을 보이는 서구적 이미지의 세련된 붓다상인 한편, 마투라의 불상은 소박하고도 투박한 모습이 두드러지는 인도 고유의 전통적 수법을 특징으로 하는 붓다상이다. 간다라와 마투라의 불상 제작 선후 관계를 둘러싸고 불상의 기원을 논하는 논쟁이 지금까지도 계속되고 있다.

불상은 언제 왜 만들어졌는가?

1세기 이전까지 붓다는 인간의 모습으로 표현되지 않고
불족적 보리수 법륜 등과 같은 상징물로 표현되었다.
불교도들은 그 상징물에 예배하였다.

불상의 탄생

기원 1세기 경, 파키스탄 간다라 지방에서 처음
붓다의 모습이 조각되기 시작

서방 문화의 자극을 받은 서북 인도 불교도들이 불상을
만들어서 예배함.

그리스 영향을 받은 간다라 불상과 인도 고유의 전통적
수법을 특징으로 하는 마투라 불상이 제작됨.

불상 제작의 선후 관계 논쟁

간다라 불상

마투라 불상

바르후트 불탑 인도 알라하바드 서남쪽에 위치한 불교 유적. 기원전 2~1세기경의 숭가 왕조시대에 조영된 것으로 보인다. 이교도가 인도에 침입했을 때 이 불탑은 완전히 파괴되었으나, 1873년에 영국의 고고학자 알렉산더 커닝엄(Alexander Cunningham, 1814~1893)이 발견한 후, 파손이 적은 난순(欄楯)과 동쪽 탑문(塔門)을 캘커타 박물관으로 옮겨 복원 · 전시하고 있다. 난순이나 탑문은 본생도나 불전도, 식물 문양 등의 부조로 가득 장식되어 있다.

산치 대탑 중인도 마드야쁘라데시 주(州) 중서부에 있는 불교유적. 크고 작은 것을 합하여 20여 개의 스뚜빠가 모여 있는데, 이 중 대탑은 높이 16~46미터에 기부(基部) 직경은 37미터에 달하는 거대한 불탑이다. 이 대탑은 기원전 3세기 아소까 왕 시대의 작은 탑을 중핵으로 하며, 숭가 왕조 시대에 돌로 덮어 이를 증광함으로써 거의 현재의 형태처럼 되었다고 한다.

관불삼매(觀佛三昧) 붓다를 염관(念觀)하는 삼매라는 의미. 염불(念佛)과 같은 뜻이다. 지극한 마음으로 생각을 집중하여 붓다의 모습이나 공덕 · 실상 등을 떠올려 관상(觀想)하는 것을 말한다.

석굴사원의 발달

아소까 왕 이후, 서북인도의 불교교단이 꾸샤나 왕조의 지지 하에 크게 발전했다면, 남인도의 불교교단은 데칸 고원을 중심으로 세력을 펼치고 있던 안드라 왕조와 깊은 관련을 맺고 있다. 안드라 왕조는 당시 서방세계와 교역을 통해 대단한 부를 축적했는데, 종교 건물의 건축에도 적극적으로 관여했다. 특히 데칸 서해안의 서가츠 산맥을 따라 기원전 1세기 초부터 기원후 7세기경까지 약 800개의 크고 작은 불교 석굴사원을 조성했다. 힌두교와 자이나교의 굴원까지 합한다면 총 1,000여 개에 이른다. 아잔타 석굴, 콘디브테 석굴사원, 베두사, 바샤, 나시크, 엘로라, 바자, 나시크, 카르리 등이 유명하다.

데칸 지방은 암산이 많고 나무가 자라지 않아 목조건축이 불가능했다. 따라서 암산을 개착하여 동굴을 파고 석굴(굴원)을 조성하는 것이 유행했는데, 교역 상인들의 휴게소로도 큰 역할을 했다. 석굴사원은 대부분 당시의 교역로와 연결되어 있는 장소에 위치하고 있어서 여행에 지친 무역 상인들의 피로를 풀어주었고 또 한편으로는 출가자의 설법을 통해 마음을 정화할 수 있는, 그야말로 최적의 장소였다. 출가자들의 법시(法施, 설법 보시)에 대해 상인들은 재시(財施, 재물 보시)를 하며 자신의 공덕을 쌓았다. 석굴사원에 남아 있는 기부자의 명단[寄進名]에는 대부분 그 끝에 '공덕을 위해', '과거·현재·미래의 가족의 이익을 위해,' 또는 '일체중생의 이익과 안락을 위해'라는 문구가 보이는데, 이는 이 석굴이 공덕을 쌓는 장소였음을 보여준다.

일반적으로 석굴사원은 비구의 처소인 위하라(vihāra, 精舍)와, 스뚜빠를 안치하고 예배하기 위한 짜이뜨야(caitya, 制多)로 구성된다. 위하라 굴은 입구로 들어가면 한 가운데 둥근 모양의 광장이 있으며, 삼면으로 1명 혹은 2명이 거주할 수 있는 승방이 조성되어 있다. 한가운데 있는 광장은 포살 등의 집회에 사용된 것으로 보인다.

공덕을 쌓기 위한 석굴 사원이 발달하다

아슈바고샤(Asvaghosa, 馬鳴) 불교 시인이자 고승. 1~2세기경의 인물로 추정된다. 불전(佛傳)을 주제로 하는 서사시 『붓다짜리따(佛所行讚)』, 『사운다라난다』 등을 지었다. 바라문 계급 출신으로 꾸샤나 왕조의 까니쉬까 왕으로부터 두터운 신임을 얻었던 것으로 보인다. 『마명보살전』에 의하면, 까니쉬까 왕은 중인도를 공격했을 때 붓다의 발우와 아슈바고샤를 요구했고, 왕의 요구에 따라 아슈바고샤는 서북인도로 이주하여 불교를 널리 보급했다고 한다.

「아비달마발지론(阿毗達磨發智論)」 설일체유부 교학의 기초를 구축했다고 평가되는 논서. 기원전 2세기경에 가다연니자(迦多衍尼子, Kātyāyaniputra)가 지었다고 하는데 원본은 남아있지 않으며, 657~660년에 현장이 번역한 한역만이 현존한다. 설일체유부에는 육족발지(六足發智)라고 하여 7종의 논서가 있는데, 발지론을 신론(身論)이라 하여 가장 중시한다. 즉, 발지론을 신론으로 하여 6종의 족론(足論)을 짓는 것이다.

『마명보살전(馬鳴菩薩傳)』 1~2세기경에 생존하였던 인도의 불교시인 마명의 전기. 후진(後秦) 구마라집의 한역 1권으로 대정장 50, No.2046에 수록되어 있다.

남인도의 불교

남인도에 불교가 본격적으로 전파된 것은 기원전 2세기 이후. 데칸 동남부에 위치한 안드라 왕조의 지지하에 크게 번성

석굴 조성

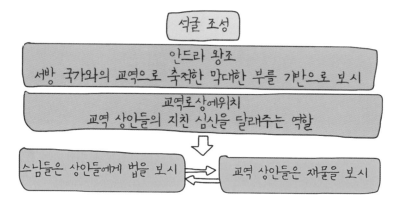

안드라 왕조
서방 국가와의 교역으로 축적한 막대한 부를 기반으로 보시

교역로상에 위치
교역 상인들의 지친 심신을 달래주는 역할

스님들은 상인들에게 법을 보시 ⇄ 교역 상인들은 재물을 보시

제 4장

대승불교의 탄생과 발전

"내 언젠가 반드시
깨달음은 이루어
붓다가 되리라"

소승으로부터 대승으로

붓다의 열반 후 4, 5백여 년이 경과한 기원 전후에 인도에서는 대승불교라는 새로운 불교운동이 일어난다. 대승(大乘, mahāyāna)이란 모든 사람을 깨달음으로 인도하는 큰 탈것, 즉 훌륭한 가르침이라는 의미이다. 이 새로운 운동을 이끌어간 사람들은 '보살(菩薩, bodhisattva)'이라 불렸다. 이는 깨달음을 구하는 유정(有情, 중생)이라는 뜻이다. 이들의 목표는 '붓다(佛)'가 되는 것이었으며, 출가자든 재가자든 보살도를 실행함으로써 누구라도 붓다와 똑같은 최상의 깨달음[無上正等覺]에 도달할 수 있다고 했다. 누구든 붓다가 되겠다는 원을 세우고 깨달음을 향해 수행을 지속해 가면 언젠가 반드시 붓다가 될 수 있다는 것, 그것이 바로 대승의 입장이자 보살의 길이었다.

신흥 불교교단의 대승불교도들은 전통 부파 승가의 '성문(聲聞, śrāvaka)'이라 불리는 출가자들을 비판했다. 성문이란 붓다의 가르침을 들은 자라는 의미로 즉 붓다 당시의 불제자를 의미한다. 성문들의 최종 목표는 붓다보다 한 단계 아래인 아라한(阿羅漢)이라 불리는 성자가 되는 것이었다. 이는 물론 출가자에게만 열린 길이었다. 붓다의 45여 년에 걸친 교화의 삶을 통해서도 알 수 있듯이 불교는 고통 받는 사람들과 그 고통을 함께 나누고 이들을 깨달음의 세계로 인도하는 것이었다. 하지만 성문들은 스스로 아라한이 되는 것이 가장 큰 목표였고 따라서 중생 구제에는 적극적이지 않았다. 대승불교도들은 이러한 성문들의 태도를 맹렬히 비판하면서 이들이 신봉하는 가르침을 열등하고 작은 탈것이라는 의미로 '소승(小乘, hīnayāna)'이라 불렀다.

'상구보리 하화중생(上求菩提 下化衆生)', 즉 위로는 깨달음을 구하고 아래로는 중생을 교화한다고 하는 서원 하에 대승불교도들은 맹렬하게 수행 정진했다. 또한 그들은 『금강반야경』, 『화엄경』, 『법화경』 등 새로운 대승경전을 성립시키며 다양한 가르침을 전개해 갔다.

소승을 딛고 대승이 일어나다

⇩

전통 부파승가의 성문승(소승)

아라한이 되는 것을 목적으로
자신의 수행에만 몰두하는 출가자(스님)

너희들은
소승이야!

보살(菩薩, bodhisattva) 깨달음
(bodhi)을 구하는 사람(sattva)이라
는 의미. 원래 석가모니의 전생을 가
리키던 말이었는데, 대승불교에 이
르러 붓다가 되겠다는 서원을 세우
고 고된 수행을 실천하는 사람 일반
을 가리키게 되었다.

성문(聲聞, śrāvaka) 붓다의 말씀을
듣고 수행하는 사람, 즉 제자라는 의
미를 갖는다. 원래 석가모니의 제자
를 가리키는 말이었지만, 대승불교
가 발생하면서 중생 제도를 근본으
로 삼는 보살이라는 이상적인 인간
상이 부상함에 따라 성문은 소승이
라 하여 자신의 깨달음 완성에만 주
력하는 출가승을 가리키게 된다.

대승불교의 등장

기원 전후로 기존의 성문승들을 소승(小乘)이라고
비판하는 새로운 사상운동이 등장

대승의 취지

상구보리하화중생(上求菩提下化衆生)
즉, 정신적으로는 깨달음을 추구하고 행동·실천적으로는
중생을 교화한다는 서원 하에 수행 정진

대승의 최종 목표

깨달아서 부처가 되는 것, 부처와 같은 인격자가 되는 것.

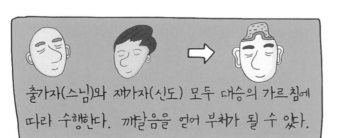

출가자(스님)와 재가자(신도) 모두 대승의 가르침에
따라 수행한다. 깨달음을 얻어 부처가 될 수 있다.

보살

보살은 주로 대승불교의 기수(旗手)로 언급되지만, 자따까를 비롯한 초기경전 및 부파불교시대의 불전문학 등에서 이미 보살이라는 용어나 이념을 확인할 수 있다. 이들 문헌에 의하면, 보살은 원래 붓다의 전생을 가리키는 용어였다.

붓다 입멸 후, 붓다를 그리워하며 그의 삶을 돌아보던 불교도들은 붓다가 깨달음을 얻은 것은, 단지 이생에서의 6년간의 고행과 보리수 밑에서의 명상의 결과만이 아닌, 수많은 과거 전생의 삶을 통해 수행하고 선행을 쌓은 결과라는 생각을 하게 되었다. 이는 당시 인도사회에 퍼져 있던 윤회 사상이나 업 사상, 그리고 붓다에 대한 이상화·초인화 현상이 만들어낸 것이다.

나아가 불교도들은 붓다가 과거 생에 깨달음을 얻겠다는 원을 처음 세우고 수행을 시작한 계기와 관련하여 '연등불수기'사상을 발전시켰다. 연등불이란 등불을 밝히는 붓다라는 뜻으로, 먼 과거세에 붓다가 수메다라는 청년이었을 때 그의 마음에 깨달음을 향한 등불을 밝혀준 붓다이다. 수메다는 연등불과 만났을 때 '나도 저 분처럼 언젠가 깨달음을 얻어 신들을 포함한 이 세상 사람들을 구제하겠노라' 원을 세웠고, 그의 마음을 들여다 본 연등불은 4무수 십만 겁이라는 길고 긴 시간 후에 고따마라는 붓다가 될 것이라는 수기를 내린다. 이렇게 해서 수메다의 보살로서의 길고도 긴 여정이 시작된다.

붓다의 삶을 통해 불교도들은 삶의 방향을 발견한다. 붓다처럼 서원을 세우고 수행을 거듭한다면 언젠가는 붓다가 될 수 있다는 가능성을 발견한 것이다. 이러한 생각은 출가와 재가를 막론한 많은 불교도들에게 공감을 불러일으켰고 누구라도 보살로서 붓다의 길을 향해 나아갈 수 있다는 가슴 벅찬 사명감을 심어주었다. 대승불교는 바로 이러한 보살들이 일구어낸 위대한 흐름이었다.

대승불교의 보살

대승과 이념을 같이하는 사람은 모두 보살
대승불교의 보살은 자리이타를 실현하는 사람
이타행(利他行)에 더 치중!

석가보살

불교도에게
삶의 모델로 정착

대승의
많은 보살들

석가보살처럼 붓다가
되겠다는 원을 세우고
수행하고 보살행을 실천하면
"나도 붓다가 될 수 있다."

자따까(Jataka) 본생담(本生談, 본생 이야기), 전생담(前生談, 전생 이야기) 등으로 한역되며, 붓다가 현생에서 깨달음을 얻기까지 과거세에 실천했던 위대한 선행 이야기 혹은 이러한 이야기를 모아놓은 문헌을 일컫는다.

불전문학(佛傳文學) 붓다의 전기, 즉 과거생과 현생을 기록한 일련의 작품들을 가리킨다. 대표적인 불전문학으로는 대중부계의 설출세부(說出世部)가 전지한 『마하바스뚜(Mahāvastu, 大事)』, 법장부의 『불본행집경(佛本行集經)』, 유부의 『랄리따비스따라(Lalitavistara, 方廣大莊嚴經)』, 소속 부파 불명의 『붓다짜리따(Buddhacarita, 佛所行讚)』 등이 있다.

겁(劫, kalpa) 우주론적인 시간의 단위. 인도에서 시간을 나타내는 가장 긴 단위로, 크기가 40천 리에 달하는 석산(石山)이 있는데 장수천인(長壽天人)이 백년에 한 번씩 얇고 부드러운 옷을 입고 와서 그 돌산을 쓸고 지나가 돌산이 다 닳아 없어져도 끝나지 않을 정도로 긴 시간이라고 한다.

수기(授記, vyakarana) 미래에 최고의 깨달음을 얻어 각자(覺者)가 될 것이라고 붓다가 예언하는 것. 원래 수기란 해답이나 해설의 의미를 지니는 것으로, 문법적 혹은 언어적 설명의 의미로 사용되었다. 또한 예언이나 기별(記別) 등의 의미를 지녀 제자들의 장래 운명을 해설, 예언하는 의미로도 사용되었는데, 아마 이러한 의미를 기반으로 보살사상의 영향이 더해지면서 보살에 대한 미래성불의 예언의 의미로 전용된 것으로 보인다.

대승 경전은 불설인가, 아닌가?
─ 대승 불설 · 비불설 논쟁 ─

대승불교는 언제 어디서 어떻게 누가 탄생시켰는가, 그 구체적인 실태에 관해서는 지금도 논의가 거듭 될 정도로 명확하지 않은 점이 많다. 분명하게 그 모습을 드러내고 있는 것은 대승불교도가 제작한『법화경』,『화엄경』등의 수많은 대승 경전뿐이다. 이 경전에서 대승불교도들은 자신들이 신봉하는 대승의 가르침, 즉 대승경전이 불설(佛說), 즉 붓다의 말씀이라고 주장한다. 그러나 대승경전이 분명 붓다의 열반 후 4, 5백여 년이 지난 후에 만들어졌다는 점을 감안한다면, 붓다의 직설이 아닌 것만은 명백하다. 대승경전은 붓다가 설한 것이 아니라는 견해는 이미 고대 인도의 불전이나 중국에서도 제기되었다.

그러나 객관적으로 '대승경전은 붓다가 친히 설한 것이 아니다'라고 대승 비불설을 주장한 사람은 일본 근세의 사상가인 도미나가 나카모토였다. 그는『출정후어』라는 책을 통해 '가상설(加上說)'을 제기하며 대승비불설을 주장한다. 가상설이란 대승경전은 시간이 지나면서 점차 그 내용이 각색되며 발전해 간다고하는 것이다. 치밀한 연구 방법론을 통해 제기된 설이었지만, 전통을 뒤흔드는이 주장은 당시 일본불교계로부터 비판당하고 무시당한다.

이후 일본 불교학계에서 '대승경전은 불설이다' '불설이 아니다[大乘佛說非佛說]'라는 논쟁이 본격적으로 시작된 것은 이보다 100여 년이 지난 메이지(明治, 1868~1912)시대였다. 당시 유럽에서 도입된 근대불교학의 영향으로 최초기 불교에 대한 관심을 갖기 시작한 일본의 불교학계에서는 대승경전을 재검토했고, 대승경전 비불설 논쟁으로 발전하게 된다. 경전 성립의 역사적인 흐름을 고려했을때 대승경전의 불설론 주장은 분명 무리가 있었던 것이다. 게다가 남방 빨리불교의 존재까지 알려지자 일본에서는 대승경전의 비불설론이 힘을 얻게 되면서대승 불설 · 비불설 논쟁은 불붙듯 퍼져갔다. 그리고 이후 대승경전의 정통성을둘러싼 논의는 '대승의 기원'을 찾고자 하는 시도로 이어졌다.

대승 경전은 불설인가, 아닌가?

대승불교

↓

대승경전

어떻게 생겨났을까?
언제 발생했을까?
누가 지었을까?
어디서 만들었을까?

기원 전후로 인도에서 발생했다는 것만 추측할 뿐.

수많은 대승경전이 전해지지만, 작자, 편찬자는 불명

기존의 전통부파승가 ⟷ 대승교도들

"대승에서 말하는 것은 부처님 말씀이 아냐."

"이것이 진짜 부처님 말씀야."

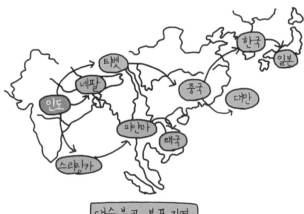

대승불교 분포지역

인도-티벳-중국-한국-일본 등 동북아시아

전통부파불교(소승) 분포지역

인도-네팔-스리랑카-미얀마-태국 등 동남아시아

도미나가 나카모토(富永仲基, 1715~1746) 일본 에도(江戶)시대의 사상가. 학문에 심취한 부모의 영향으로 어린 시절부터 사서오경 등을 읽었으며, 10세 때에는 아버지가 세운 회덕당(懷德堂)이라는 기숙사에 들어가 양명학을 공부했다. 탁월한 학문적 재능을 지니고 있던 도미나가는 15세에는 유교나 제자백가에 관해서 예전부터 전해내려 오는 학설의 그릇된 점을 모두 지적한 『설폐(說弊)』라는 책을 썼으며, 24세에는 중국사상발전에 대한 연구서인 『늙은이의 글(翁の文)』을 지었다. 한편, 생계를 위해 대장경의 판목 인쇄일을 하면서 모든 불교 경전을 접한 도미나가는 그 내용을 서로 비교함으로써, 불교 경전은 시간을 두고 발달했고, 단순한 것에서 복잡한 것으로 차츰 발전해갔다는 가상설(加上說)을 발견하고, 31세에 『출정후어(出定後語)』라는 책을 썼다.

출정후어(出定後語) 일본 에도시대의 사상가인 도미나가 나카모토(富永仲基)의 저작. 『출정후어』란 도미나가가 스스로 선정에 들어가 경전의 성립에 관한 실정을 알고 선정에서 나온 후 이것을 말한다는 의미이다. 이 책의 가장 두드러진 특징은 '가상설(加上說)'의 주장이다. 가상설이란 불교 경전은 시간을 두고 내용이 첨가되면서 발달했다고 하는 것으로, 도미나가는 먼저 베다가 선행하고, 이에 대항하여 6사외도가, 또 이에 대항하여 석가모니 혹은 초기불교가, 그리고 이에 대항하여 다시 대승불교가 더해져갔다[加上]고 하여 대승불교경전은 후세에 만들어진 것이라고 주장하였다. 근대의 문헌학적인 불교방법론과 비교하여 손색없는 훌륭한 저작으로 평가된다.

대승불교의 기원
— ① 대중부 기원설 —

대승불교의 기원을 찾는 문제는 주로 부파불교시대의 여러 교단과 대승의 연속성을 검토하는 방향에서 이루어졌다. 특히 이는 부파교단과 대승의 교리적 유사성에 초점이 맞추어졌는데, 그 출발점은 일본불교학자 마에다 에운(前田慧雲, 1857~1930)이다. 마에다는 1903년에 출판한 『대승불교사론(大乘佛教史論)』에서 『부집이론(部執異論)』등 부파의 논서에 근거하여, 특히 대중부의 교리가 대승의 교리와 동일하다는 결론을 내리고 이를 근거로 대승은 대중부에서 발생했다고 하는 이른바 '대중부(大衆部) 기원설'을 주장하였다. 그는 또 『삼론현의(三論玄義)』나 진제삼장의 『부집이론소(部執異論疏)』등에 나타나는 '대중부가 법화·열반 등의 대승경전을 가지고 있었다'는 기술을 근거로 이 부파야말로 대승의 기원으로 가장 적합하다는 결론에 이르고 있다. 이 설은 당시 일본 불교학회에 큰 영향을 미쳤고 대승의 기원을 설명하는 가장 대표적인 설로 자리매김하게 된다.

유럽의 경우에는 일본처럼 대승 불설·비불설론과 관련하여 대승의 기원을 찾는 등의 의식은 없었지만, 연구 대상이 점차 한역(漢譯) 경전, 티벳역(譯) 경전 등의 문헌으로 확대됨에 따라 대승운동의 실태와 기원을 검토하는 움직임이 생겨난다. 유럽에서도 대승의 대중부 기원설은 여러 학자들이 주장했는데 주로 안드라 지방 등 남방의 대중부와 밀접한 연관이 있다고 지적했다.

한편, 대중부 기원설을 큰 틀로 하여 이후 일본불교학계에서는 다양한 시각에서 대승의 사상적 특징 검토가 이루어졌다. 그 중 하나가 '비유문학기원설'이다. 이는 붓다 입멸 후 교단에 생겨난 '붓다(佛, buddha)에 대한 찬양을 대승의 전승으로 중시하는 전통'이 일구어낸 자따까(Jātaka)나 아바다나(avadāna)라고 하는 불전 내지 비유문학에서 대승의 기원을 구하는 것이다. 보살이 붓다가 되는 수행도를 설한다는 점에서 이들 문헌에서 대승불교의 기원을 찾을 수 있다고 보는 것이다.

대승불교는 대중부에 의해서 성립?

일본의 불교학자 마에다 에운(前田慧雲) 주장
그의 저서 「대승불교사론, 1903」에서 처음 주장

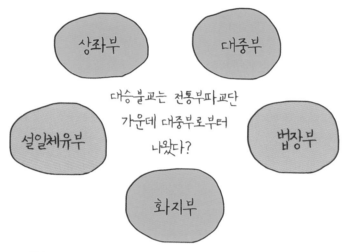

상좌부

대중부

대승불교는 전통부파교단
가운데 대중부로부터
나왔다?

설일체유부

법장부

화지부

아바다나avadana: 4아함 5니까
야 등으로 교법(dhamma)이 정리
되기 전의 교법분류방식인 12분교
(分敎) 중 하나. 파계를 훈계하기 위
한 교훈비유의 가르침이 본래의 의
미이지만, 아함경이 완성된 후에는
독립적으로 저술되며 설화문학의
일환으로 유행하게 된다. 재래의 인
도우화에서 주제를 받아들인 것이
많기 때문에 붓다의 전생담을 다룬
자따까와 내용적으로 서로 합치하
는 부분이 많다.

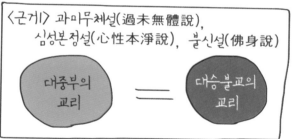

〈근거1〉 과미무체설(過未無體說),
　　　심성본정설(心性本淨說), 불신설(佛身說)

대중부의
교리

＝＝

대승불교의
교리

〈근거2〉 대중부 기원설의 또 하나의 근거
　　　「삼론현의」나 「부집이론소」 등에 나타나는
　　　"대중부가 법화·열반 등의 경전을 가지고
　　　있었다."는 기술

＊대승의 기원을 설명하는 가장 대표적인 설

＊대중부기원설에서 나온 '비유문학기원설'-보살이 붓다가 되는
　수행도를 설함▶비유문학에서 대승불교의 기원을 찾는 것.

대승불교의 기원
― ② 재가불탑 기원설 ―

대승불교의 기원에 관한 논의는 1968년에 히라카와 아키라가 발표한『초기대 승불교의 연구』라는 저서를 획으로 큰 전환점을 맞이하였다. 히라카와는 소승의 한 부파였던 대중부가 발전해서 대승이 되었다고 하는 기존의 대중부 기원 설을 비판적인 입장에서 검토하고, 대중부 기원설의 근거가 되었던 대중부와 대 승의 교리적 유사성은 실은 상좌부계를 비롯한 다른 부파에서도 발견된다는 점을 명확히 했다.

그는 대승경전에 나오는 '보살가나(bodhisattva-gaṇa)', 즉 보살집단이 구체적으로 어떤 집단이었는가를 고찰하고, 그 결과 이 보살집단은 불사리탑을 모시고 승방(僧房)에 거주하면서 불탑 숭배를 했던 재가자 집단이라는 결론을 내렸다. 즉 대승불교는 재가신자들로 구성된 불탑 숭배자들이 시작한 새로운 종교 운동 이라는 것으로, 이후 이 설은 '재가불탑기원설'이라 불렸다.

히라카와의 이 학설은 율장을 근거로 그때까지 거의 알려지지 않았던 고대불 교승가의 생활상을 종합적으로 파악하고, 대승의 기원을 찾으려 했다는 점에서 매우 획기적인 것이었으며, 그 후 한동안 대승불교의 기원에 관한 가장 설득력 있는 설로서 일본의 불교학계에 큰 영향을 미쳤다.

율장에 근거해 본다면, 부파의 여러 교단과 대승불교교단이 서로 함께 생활할 수는 없었다는 것이다. 비구 · 비구니의 2부 승가만을 인정하는 상황에서 대승 경전에 나오는 '보살가나', 즉 보살집단은 승가의 구성원으로 들어갈 여지가 없 다고 생각했다. 그래서 불탑을 숭배하면서 그 주변에서 승방을 짓고 살았던 재 가신자 집단에서 대승불교가 발생했다고 본 것이다.

대승불교도는 불탑을 숭배하던 재가신자들에 의해 성립?

일본의 불교학자 히라카와 아키라(平川彰)의 주장
그의 저서 「초기대승불교의 연구, 1968년」에서.
그는 대중부 기원설을 비판했다.
이유: 대중부나 대승의 교리적 유사성은 상좌부계를
비롯한 다른 부파에서도 발견된다.

"부파교단과 대승교단은 서로 함께
살 수(共住) 없었다." 「율장」에 근거

재가불탑기원설 주장

불탑 숭배를 했던 재가자 집단이 대승의 기원이라는 설.
즉 불탑 주변에 사찰(승방)을 지어 놓고 불탑을 숭배하던
재가 신자들에 의하여 성립.

히라카와 아키라(平川彰,
1915~2002) 일본의 불교학자. 초기불교, 아비다르마, 반야, 법화, 화엄, 정토, 중관, 유식, 여래장부터 중국불교와 일본불교까지 폭넓게 연구하며 40권의 저작과 300편의 논문을 남겼다. 특히 1968년 『초기대승불교의 연구』라는 저서를 통해 발표한 대승불교 재가불탑기원설은 이후 대승의 기원을 설명하는 가장 대표적인 학설로 주목받았다.

대승불교의 기원
─ ③ 대승과 부파의 연속성 ─

대승불교의 기원에 대한 히라카와 아키라의 설이 거의 정설처럼 굳어져 가고 있었다. 그런데 8년 만인 1975년에 고고학자 그레고리 쇼펜이 이의를 제기했다. 즉 대승불교의 기원이 불탑 숭배가 아닌 경전 두루마리[經卷] 숭배에 있음을 논증한 이후, 비문(碑文)과 율장, 대승경전 등에 근거하여 기존의 상식을 뒤엎는 놀라운 주장을 속속 발표했다. 그 중 대표적인 것이 일명 '대승불교 주변지 기원설'이라 불리는 설이다. 대승경전의 성립과 교단의 성립은 별개이며 5세기경까지 대승불교는 독립된 교단을 형성하지 않고 부파 속에서 공존했으며 그 후에 교단으로 자립했다는 주장인데, 이는 5세기말부터 6세기경까지 대승이나 대승교단에 대해 언급한 비문이나 상이 발견되지 않는다는 점에 근거한 것이다.

쇼펜의 연구 성과에 자극받은 불교학자들은 이후 대승불교의 기원 및 그 실상을 밝히는 작업에 깊은 관심을 보였고, 그 결과 이 분야는 인도불교사에서 가장 각광받는 연구 성과들을 산출해내고 있다. 아직 하나의 결론에는 이르지 못했지만, 적어도 대승이 경전 두루마리 숭배와 밀접한 연관을 지니고 있으며, 교리 상으로는 대중부와 유사하면서도 설일체유부 등의 교리 역시 폭넓게 받아들이며 자신들의 교리 체계를 새롭게 완성시켜 갔다는 점은 일치한다.

대승불교는 출가자와 재가자 양쪽이 진행했으나, 그 중 출가자는 승가 외부가 아닌 전통 부파승가 안에서 발생했다는 점 또한 명확해졌다. 히라카와 아키라가 제시한 재가불탑 기원설 이후에 끊겼던 전통부파승가와 대승의 연속성을 이제 교리와 교단 양쪽에서 찾을 수 있게 된 것이다. 이는 쇼펜의 연구를 통해서도 명확해졌고, 나아가 대승불교도가 독자적인 율을 갖고 있지 않았다는 점에서도 추정할 수 있다. 이 외 대승경전에서 강조되는 숲속 생활[森林生活]과 경전 서사(書寫), 선정(禪定) 중의 관불(觀佛) 체험 등의 기술은 현재 대승불교의 실상을 재검토하는 중요한 과제가 되고 있다.

대승불교는 전통 부파불교로부터 성립?

그레고리 쇼펜 '대승불교 주변지 기원설' 발표(1975년)

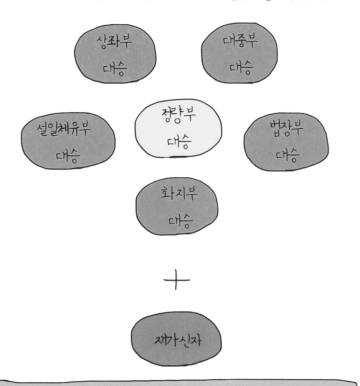

대승불교도와 계율

대승불교는 출가·재가를 막론하고 대승불교도가 지켜야 할 행동 규범인 대승계 혹은 보살계가 있다. 대승계는 대승불교의 성립과 더불어 시작되며, 보살계는 약간 후대에 확립된 개념이다. 대승계의 구체적인 내용은 10선계(十善戒)와 지계(持戒)바라밀이다. 먼저 10선계란 신(身)·구(口)·의(意) 3업(業)의 관점에서 제시한 것으로 열 가지 선한 계율이다. 몸[身]에 관한 것으로는 불살생(不殺生, 살생하지 말 것)·불투도(不偸盜, 도둑질 하지 말 것)·불사음(不邪淫, 삿된 음행을 하지 말 것)의 3종이 있으며, 입[口]에 관한 것으로는 불망어(不妄語, 거짓말 하지 말 것)·불악어(不惡語, 악한 말을 하지 말 것)·불양설(不兩舌, 이간질하는 말을 하지 말 것)·불기어(不綺語, 아부하는 말을 하지 말 것)의 4종이 있다. 그리고 마음[意]에 관한 것으로는 무탐(無貪, 탐욕하지 말 것)·무진(無瞋, 증오심을 내지 말 것)·무치(無癡, 어리석은 생각을 갖지 말 것. 즉 正見을 가질 것)의 3종이 있다.

한편, 보살계는 유가행파의 문헌에서 처음 등장했는데, 흔히 3취정계(三聚淨戒)라 불린다. 3취정계는 섭율의계(攝律儀戒), 섭선법계(攝善法戒), 섭중생계(攝衆生戒)를 말한다. 섭율의계는 붓다가 정한 계율을 지켜 악을 막는 것이다. 항상 자신의 몸과 마음을 돌아보고 허물이 없는 상태로 유지하는 것을 의미하는데, 비구 250계, 비구니 348계, 정학녀의 6법, 사미와 사미니의 10계, 우바새와 우바이의 5계 및 8재계를 가리킨다. 섭선법계는 적극적으로 선을 행하는 것으로 섭율의계를 받은 후에는 최상의 깨달음을 위해 몸과 입과 마음으로 선한 법을 실천하는 것이다. 섭중생계는 요익유정계(饒益有情戒)라고도 하는데, 말 그대로 중생[有情]을 이롭게 하는 계로 모두 11종이 있다. 예를 들면 어려움에 처한 중생을 보면 필요한 물건을 보시해 주고, 악을 저지른 자가 있으면 자비심으로 그 자를 참회시켜야 한다. 이와 같이 3취정계는 소승계를 기반으로 하면서도 대승의 이타행(利他行)인 섭선법계와 섭중생계를 덧붙인 데 특색이 있다.

대승 불교도가 지켜야 할 계

1. 10선계(十善戒)

가. 살생으로부터 떠난다. ⟍

나. 도둑질로부터 떠난다.   신(身, 육체)

다. 사음으로부터 떠난다. ⟋

라. 거짓말로부터 떠난다. ⟍

마. 거친 말로부터 떠난다.

바. 이간질하는 말로부터 떠난다.   구(口, 입)

사. 꾸며대는 말로부터 떠난다. ⟋

아. 욕심부리는 마음으로부터 떠난다. ⟍

자. 성내는 마음으로부터 떠난다.   의(意, 마음)

차. <u>올바른 견해</u>를 지닌다. ⟋

    (인과응보나 연기의 도리를 잘 이해하고 불법승 삼보를

    믿는 것)

2. 보살계

삼취정계 ⎰
- 섭중생계 : 중생을 이롭게 하는 계
- 섭선법계 : 선을 행하는 것
- 섭율의계 (소승계) : 자신의 몸과 마음을 돌아보고 허물이 없는 상태를 유지하는 것

유가행파(瑜伽行派, Yogācāra) 중관학파와 더불어 대승의 양대 학파로 거론된다. 유식파(唯識派, Vijñānavādin)라고도 한다. 유가행파를 의미하는 '요가짜라'는 요가(yoga), 즉 선정을 수행한다는 의미로, 요가의 실천을 통해서 유식(唯識, 일체법은 모두 의식(vijñapti)에 지나지 않는다)의 체험을 심화하고, 이를 다시 알라야식의 교리와 종합하여 체계화하고 있다. 미륵(彌勒, Maitreyanātha)을 시조로 하며, 무착(無着, Asaṅga)과 세친(世親, Vasubandhu)이 계승하여 대성하였다.

정학녀의 6법 정학녀(正學女, sikkhamānā)란 사미니에서 비구니로 넘어가는 중간 단계의 신분이다. 즉, 18세가 되면 2년 동안 정학녀로 수행하다가 20세에 구족계를 받고 비구니가 될 수 있다. 정학녀는 살생, 투도, 사음, 망어, 음주, 비시식(非時食)의 여섯 가지 행동으로부터 떠나야 한다. 이것이 정학녀의 6법으로, 5계에 때가 아닌 때에 식사하지 말라고 하는 불비시식계가 더해져 있다.

10계 사미·사미니가 지켜야 할 열 가지 계. 살생, 도둑질, 음행, 망어(妄語), 음주, 꽃이나 향으로 장식하는 것, 무용이나 음악, 노래 등을 보거나 듣는 것, 너무 크고 호화스러운 침대나 침대 매트를 사용하는 것, 때가 아닌 때에 먹는 것, 금은을 받는 것으로부터 떠날 것을 내용으로 한다.

발원과 대승보살의 수행

대승을 추구하는 수행자 즉 보살의 수행 목표는 붓다와 동일한 깨달음을 얻고 또한 붓다와 마찬가지로 모든 중생을 이롭게 하는 데 있다. 즉 깨달음을 얻고자 하는 자리행과 중생의 행복을 바라는 이타행 두 가지의 실천으로 이루어지는데, 특히 적극적인 이타행으로써 자리행을 완성시킬 수 있다는 것이 대승의 입장이다. 이러한 목표를 위해 보살은 먼저 발심(發心)하고 서원(誓願, praṇidhāna)을 세워야 한다.

발심은 발보리심(發菩提心), 즉 깨달음을 추구하는 마음을 내는 것을 말한다. 서원이란 마음에 원(願)을 세우고 이룰 것을 맹세하는 것이다. 원을 세우면 실천 의지가 더욱 더 견고해진다. 초기불교경전에도 서원은 나타나지만, 이때는 주로 미래세에 전륜성왕으로, 혹은 천상에, 혹은 보다 나은 지위에 태어날 것을 기원하는, 이른바 자리적(自利的)인 의미의 서원이었다. 하지만 보살사상이 등장하면서 서원의 내용은 '상구보리 하화중생(上求菩提 下化衆生)'으로 변화한다. 아무리 혹독한 고난이 있더라도 자신을 엄격하게 다스리고[自利] 이타행을 실천함으로써 언젠가는 기필코 붓다가 되겠다는 원을 세우는 것이 바로 대승보살의 서원이다. 서원은 보살행의 기초이자 원동력이다.

보살의 서원은 크게 나누면 총원(總願)과 별원(別願) 두 가지다. 총원은 모든 보살의 공통적인 서원이며, 별원은 보살의 개별적인 서원을 말한다. 별원으로 유명한 것은 법장비구의 48원, 보현보살의 10대행원, 약사여래의 12원, 보현보살의 10대행원 등과 총원으로는 사홍서원(四弘誓願)이 있다. 사홍서원은 중국 천태종 남악혜사(515~577)의 『입서원문』에서 유래하는데, ①중생무변서원도(衆生無邊誓願度, 가없는 중생을 다 건지오리다.) ②번뇌무진서원단(煩惱無盡誓願斷, 끝없는 번뇌를 다 끊으오리다.) ③법문무량서원학(法門無量誓願學, 한없는 법문을 다 배우오리다.) ④불도무상서원성(佛道無上誓願成, 위없는 불도를 다 이루오리다.)이다.

대승보살의 삶은 발원으로부터 시작한다

"내 언젠가
반드시 깨달음을 이루어
붓다가 되리라."

대승의 입장

서원(誓願, pranidhana) 원을 일으키고 반드시 성취할 것을 맹세하는 것. 언젠가 자신도 중생을 구제하는 부처가 되고 싶다는 결의를 부처님 앞에서 맹세하고 그 성취를 기원하는 것을 말한다. 석가모니는 과거세에 바라문 청년 수메다로 태어났을 때 연등불 앞에서 서원을 세우고 금생에 정각을 이루었다.

자리이타(自利利他)—모두 함께 붓다가 되자.

대승(보살)은 적극적인 이타행을 통해 자리행을 완성시킬 수 있다.

(타인의 행복을 위하여)　(깨달음 성취)

수많은 이타행으로 인해 붓다가 된다.

— 타인에 대한 배려 —

6바라밀
— 여섯 가지 덕목 —

바라밀은 산스끄리뜨어 빠라미따(pāramitā)를 음사한 것으로 완성 혹은 완성에 도달하는 길이라는 의미이다. 미망의 이 언덕에서 깨달음의 저 언덕에 이른다는 뜻에서 도피안(到彼岸)이라 의역한다. 이것은 대승보살이 반드시 배우고 실천해야 할 기본행으로 남을 이롭게 하는 행위를 함으로써 곧 자기의 수행도 함께 완성된다는 입장이다. 대승보살의 수행 덕목인 6바라밀은 보시·지계·인욕·정진·선정·반야(지혜)이다.

보시(布施, 희사)는 말 그대로 베푸는 것인데, 진정한 보시바라밀은 '삼륜청정(三輪淸淨)의 보시', 즉 베푸는 자, 받는 자, 베푸는 물건 이 세 가지가 모두 깨끗해야 한다. 보시를 할 때 자신이 베푼다고 하는 생각이 있거나 내세우거나(자랑, 과시), 결과에 대하여 집착해서는 안 된다. 보시를 받는 자도 물건에 대해 불만을 품어서는 안 되며, 주고받은 물건 역시 양이나 질 등으로 평가해서는 안 된다. 그리고 보시하는 물건이 뇌물로 받은 것이나 훔친 것 등 부정한 물건은 안 된다.

지계(持戒, 계율을 지킴)는 원래 그름(非)을 방지하고 악을 그쳐 더 이상 잘못된 행동을 하지 않는 것이다. 지계바라밀은 이에 더하여 적극적으로 선을 실천하는 것인데, 그 구체적인 내용은 10선계(十善戒)이다.

인욕(忍辱, 인내)은 보살행의 완성을 위해 어떤 고난도 인내, 감수하는 것이다. 즉 욕설이나 꾸짖음, 폭력 등을 당했을 때조차 업의 인연임을 알고 모든 것이 공(空)임을 알아 절대로 악한 마음을 일으키지 않는 것을 말한다. 정진(精進, 노력)은 불도를 추구하여 몸과 마음으로 한결같이 용맹스럽게 노력하는 것이다.

선정(禪定, 삼매, 집중)은 산란한 마음을 차단하여 청정하고 고요하게 마음이 한 대상에 집중된 상태를 말한다. 반야(般若, 지혜)는 존재의 실상을 올바르게 볼 수 있는 공(空)의 지혜, 즉 집착이 없는 지혜이자 전체를 직관하는 통찰적인 지혜이다.

대승불교도가 수행해야 할 여섯 가지 덕목

바라밀(波羅蜜, paramita) 보살이 실천해야 할 덕목. 보시 · 지계 · 인욕 · 정진 · 선정 · 지혜의 6바라밀 외에, 이에 방편 · 원(願) · 역(力) · 지(智)를 더하여 10바라밀을 말하기도 한다.

6바라밀의 실천

바라밀(pāramitā)이란 '저 언덕으로 건너갔다'는 의미

우리들이 살고 있는 망의 이쪽 세계에서

깨달음의 저쪽 세계로

건너가는 방법 ⇨ 6바라밀의 실천

6바라밀의 내용

1. 보시바라밀: 아낌없이 베푸는 것
2. 지계바라밀: 적극적으로 선을 실천하는 것―10선계
3. 인욕바라밀: 고난을 참고 견디는 것
4. 정진바라밀: 불도를 이루기 위하여 노력하는 것
5. 선정바라밀: 명상을 통해 정신을 통일하는 것
6. 반야바라밀: 공의 지혜를 얻어 깨달음을 완성시키는 것

대승의 붓다와 보살들

붓다가 깨달은 '진리'는 이미 존재하고 있었던 것이다. 대승불교도들은 붓다 이전에 이미 비바시불, 시기불, 비사부불, 구류손불, 구나함모니불, 가섭불 등 6명의 붓다가 있었으며, 고따마 붓다는 7번째로 진리를 발견한 붓다라고 생각하였다. 이는 고따마 붓다 이후에도 진리를 발견하는 붓다가 나타날 수 있다는 미래불 사상으로 이어진다.

또한 과거 · 현재 · 미래에 더하여 점차 무한한 공간에 무수한 붓다가 존재하고 있다고 생각하게 되었고, 대승불교에 이르러서는 '그 무수한 붓다들이 현재 공간 속에 동시에 존재한다'고 생각하였다. 그리고 그 무수한 세계에 각각 붓다가 있어 중생을 교화하고 있다고 상정하였다. 이와 같이 대승불교도들은 역사적 인물인 고따마 붓다 외에도 교리적으로 많은 붓다를 설정하여 신앙의 대상으로 삼았다. 비로자나불, 아미타불, 약사불 등이 그러한 붓다이다.

한편 수행을 다 완성하여 성불할 수 있음에도 불구하고 붓다가 되지 않고 고통 받는 중생들을 구제하기 위해 이 세상에 남는 길을 선택한 보살들도 신앙의 대상이 되었다. 그 가운데서도 관음보살(관세음보살, 관자재보살), 문수보살, 보현보살, 미륵보살, 지장보살, 대세지보살, 허공장보살 등이 유명하다.

관음보살은 대자비로 모든 중생을 구제하는 보살이며, 문수보살은 6바라밀 중 반야지혜의 가르침으로 중생들의 번뇌를 물리치게 하며, 보현보살은 열 가지 행(行)과 원(願)을 실천하여 중생을 교화하며, 미륵보살은 고따마 붓다가 입멸한 지 56억 7천만 년 후에 이 세상에 나타나 중생을 구제한다고 한다. 지장보살은 지옥에서 고통 받고 있는 중생들을 모두 다 구제하기 전까지는 성불하지 않겠다고 선언하였다. 허공장보살은 언제든지 중생이 원하기만 하면 재물이나 가르침을 나누어줌으로써 진정한 기쁨을 준다. 대세지보살은 지혜의 힘으로 중생들의 괴로움을 제거해 주는 남다른 위력을 갖고 있다.

붓다의 시간적·공간적 확대

과거에도 여섯 분의
붓다가 있었다.

미래에도 수많은
붓다가 탄생
"깨달으면 누구나
붓다이기 때문"

과거불

미래불

석가불
(현재불)

미래불 미래에 나타날 부처님. 현재 도솔천에 머물며 설법을 하고 있는 미륵(彌勒, Maitreya)은 56억 7천만 년 후에 이 세상에 하강하여 사람들을 구제한다고 한다.

2. 공간의 확대 무수한 공간에 무수한 붓다가 있다.
'그 무수한 붓다들이 현재 동시에 존재한다.'

석가불

우리들이
살고 있는 세계

무수한 보살들

관음보살, 문수보살, 보현보살, 마륵보살, 지장보살 등

대승경전

대승경전은 빨리 니까야나 한역 아함과는 다르다. 빨리 니까야와 한역 아함이 역사적인 고따마 붓다의 가르침을 기록한 것이라면, 대승경전은 설주(說主 : 설법의 주체)가 붓다이긴 하지만 고따마 붓다는 아니다. 다만 고따마 붓다에 가탁(假託)하여 경전이 제작되었다.

대승경전이 처음 제작된 것은 대승의 기원 문제와 관련이 있다. 대승은 기원전 2세기 무렵부터 싹을 틔웠다고 본다. 그리고 다불사상(多佛思想)과 보살사상이 그 배경에 존재한다. 다불사상은 고따마 붓다만이 아닌, 아미타불, 약사여래, 아촉불과 같은 여러 붓다를 신앙의 대상으로 하는 것을 말한다. 그리고 보살사상은 상구보리 하화중생(上求菩提 下化衆生 : 위로는 깨달음을 구하고, 아래로는 중생을 교화한다)의 이념에 근거한다.

이러한 사상적 배경을 중심으로 다양한 대승경전이 제작되었다. 일반적으로 반야경 계통에 속하는 몇몇 경전은 이미 기원전에 제작되었다고 본다. 『8천송반야바라밀경』은 1세기경에 제작된 것으로 알려져 있는데, 『대아미타경』은 이보다 이른 시기에 제작되었다고 본다. 이는 아미타불 신앙이 생각보다 이른 시기에 정착했고, 이를 근거로 경전이 제작되었음을 보여준다.

그리고 지루가참 등이 2세기경에 이미 대승경전을 한역한 것을 보더라도, 대승경전은 인도에서 매우 이른 시기에 제작되어 여러 지역으로 유포되었음을 알 수 있다. 1세기 전후로 제작되었을 것으로 추정되는 경전은 『도행반야경(道行般若經)』『반주삼매경(般舟三昧經)』,『수능엄삼매경(首楞嚴三昧經)』등이 있고, 이보다 조금 늦은 것으로 『대명도경(大明道經)』과 같은 경전이 있다. 그 외에도 유명한 『화엄경』, 『법화경』, 『금강경』, 『유마경』, 『열반경(대승열반경)』, 『승만경』등이 있고, 비교적 후대에 제작된 『능가경』등도 대표적인 대승경전에 속한다.

다양한 대승경전이 만들어지다

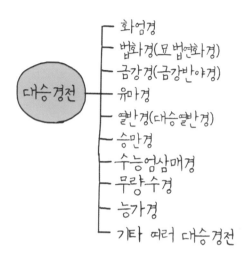

- 화엄경
- 법화경(묘법연화경)
- 금강경(금강반야경)
- 유마경
- 열반경(대승열반경)
- 승만경
- 수능엄삼매경
- 무량수경
- 능가경
- 기타 여러 대승경전

대승경전

지루가참(支婁迦讖) 쿠샨 제국의 까니쉬까 대왕이 활발하게 불교를 지원하고 있을 시기에, 간다라에서 147년경에 태어났다고 알려져 있으나, 입적연도는 미상이다. 초기 역경승 가운데 한 명으로, 많은 대승경전을 번역했다. 『도행반야경(道行般若經)』『반주삼매경(般舟三昧經)』등을 비롯한 150여 대승경전을 번역했다고 전한다.

다라니와 삼매

불교 수행 가운데는 다라니(dhāraṇī)라고 해서 일종의 주문과 같은 것을 염송(경전의 구절이나 게송을 암송하는 행위)하는 수행이 있다. 이것은 일반적으로 인도 종교 전통에서 전하는 만트라(mantra)를 대승불교에서 받아들여, 불교적 다라니로 성립시킨 것으로 알려져 있다. 그리고 '다라니'라고 하면 6세기 이후에 등장하는 밀교의 대표적인 수행이라고 알고 있으나, 사실은 그 연원이 매우 깊다.

초기불교 경전 가운데 『숫따니빠따』에는 '보배의 경(Ratanasutta)'이 있다. 이 경전은 웨살리(Vesālī)의 악귀들을 쫓아내기 위해 설한 대표적인 수호경으로 유명하다. 또한 장부(Dīgha nikāya)경전에는 「아따나띠야 경(Āṭānāṭiya sutta)」이 있는데, 이 경 또한 대표적인 보호 주(呪)로서, 능엄주나 천수다라니와 같은 성격의 비밀주이다. 이들 다라니는 기본적으로 자신을 비롯한 가족의 행복과 건강 그리고 재산을 늘리고 영토를 보호하는 성격을 갖는다.

한국에서는 예로부터 특히 천수다라니와 능엄주를 애송해 오고 있다. 일반인들은 다라니 독송이 치병(治病)이나 재난을 막는 공덕이 있다고 믿었고, 수행자들은 주술적 기능을 넘어 다라니를 삼매 수행의 한 방식으로 깨달음에 이르게 하는 수행법으로 인식했기 때문이다.

중기 밀교의 수행에는 삼밀가지(三密加持)라는 것이 있는데, 그 중에서 구밀(口密)이 삼매수행에 해당한다. 구밀이란 다라니 독송을 통해 삼매에 드는 방식이다. 일체의 잡념을 떨쳐버리고 오직 의식을 다라니에 집중하면, 의식이 명료해지고 맑아져서 마치 삼매 수행과 같은 결과를 얻게 되는 것이다. 이러한 이유로 선종에서도 예로부터 다라니(능엄주) 지송을 수행의 한 방편으로 삼고 있다.

다라니를 염송하면 삼매에 든다

다라니를 염송하면
마음이 오로지 하나로 집중되어
삼매수행과 같은 결과를 얻게 된다.

구체적인 방법

옴마니반메훔
삼매수행

스님, 다라니를 하면
무엇이 좋은가요?

다라니를 하면 착한 마음이
생기고 악한 마음이 사라지지요.
머리도 좋아져서 합격율이
높아지지요.

다라니 dhāranī의 음사어. 다라니는 본래 보호하여 지니는 행위, 나아가 기억의 보존, 정신집중 등을 의미한다. 처음에는 경전을 요약하여 기억하고 암송하던 것이 점차 암송하는 구(句)가 진언(眞言)의 신비한 힘을 갖고 있는 것으로 발전하게 된 것이다. 그래서 다라니는 진언(mantra)과 같은 의미로 볼 수 있다.

만트라 mantra의 음사어. 본래 『리그베다』의 본집을 형성하는 신성한 주문의 구절을 말한다. 이 구절 자체에 신성한 힘이 응축되어 있다고 보았다. 그래서 바라문들은 제사를 지낼 때 만트라를 읊으며 제식을 주관하였다. 이것이 이후 불교의 밀교에 도입되어 진언(眞言)으로 널리 알려지게 되었다.

천수다라니 『천수경』에 나오는 「신묘장구대다라니(神妙章句大陀羅尼)」를 말한다.

능엄주 『능엄경(楞嚴經)』 제7권에 수록되어 있는 총 427구(句)의 주문을 말한다. 달리 '대불정다라니(大佛頂陀羅尼)'라고도 한다. 이 주문은 특히 영험이 크다고 하여 우리나라에서는 널리 염송되고 있는 대표적인 다라니이다.

경전 서사(書寫)와 공덕

불교경전이 처음 결집(편찬)되었을 때는 문자로 기록되지 않았다. 1차 결집으로부터 500여 년의 세월이 흐른 뒤인 기원 전 1세기 후반 무렵에야 비로소 문자로 기록되었다. 이후 불교 경전은 문자로 기록되고, 활발하게 『화엄경』, 『법화경』 등 대승경전이 편찬·보급되면서 인도를 넘어 세계 여러 나라로 퍼져나갔다.

불교 경전, 특히 대승경전이 활발하게 제작·보급된 곳은 지금의 간다라를 중심으로 한 지역이었다. 이때는 인쇄술이 발달하지 않았기에, 필사(筆寫, 손으로 쓰는 것) 외에는 경전을 보급할 방법이 없었던 시기이기도 했다. 따라서 경전을 서사(書寫 : 경전을 필사하는 것)하는 것 자체가 특별한 의미를 지니게 된 것이다.

경전 서사는 처음에는 거부(巨富)나 국가의 지원을 받아 조직적으로 이루어졌다. 필사에는 종려나무 잎이나 동물의 가죽, 직물 등이 이용되었다. 개인이 사적으로 경전을 서사하는 일은 결코 쉽지 않았다. 그렇기에 더욱 더 많은 노력과 신심이 요구되었고, 그만큼 서사의 공덕을 찬탄했던 것이다. 그래서 대승경전에 보면, '서사 공덕'이 특별히 강조되고 있음을 알 수 있다. 특히 반야경 계통의 대승경전은 한결같이 서사·수지·독송(書寫受持讀誦)하여 널리 사람들에게 알리고 나누어주면 그 공덕이 한량없음을 거듭 찬탄하고 있다. 이러한 경전 서사 공덕에 대한 강조는 대승경전이 짧은 시기에 널리, 그리고 먼 곳에까지 퍼지는 데 크게 영향을 미쳤다.

대승경전의 서사 공덕은 동북아시아로도 전해졌다. 일찍이 인쇄술이 발달한 중국이나 한국에서는 사경(寫經, 경전을 쓰는 것) 문화를 발달시켜 서사 공덕 사상을 그대로 계승하였다. 나아가 사경은 수행방법의 하나로도 발전하였다. 신라, 고려시대에는 나라에 사경원(寫經院)을 두어 국가적인 차원에서 사경을 실시하고, 장려하기도 하였다. 이는 사경의 공덕이 무엇보다 크다는 것을 의미한다.

경전 서사의 공덕을 찬탄하다

인쇄술이 발달하지 않아 일일이 손으로 써서
경전을 보급해야 했던 시기

경전 서사 자체가 특별한 의마를 지니게 되어 그 공덕을 찬탄

거부(巨富), 국가적 지원 아래 조직적인 경전 서사
신심 깊은 개인의 경전 서사

대승경전에는 경전 서사 수지 독송 공덕이 한량없음을 찬탄
대승경전이 짧은 시기에 널리 퍼지는 데 큰 영향을 미침.

중국과 한국에서는 사경 문화 발달, 수행방법의 하나로 발전
고려시대에는 나라에 사경원을 두어 국가적인 차원에서 사경
실시하고 장려함.

경전 서사(書寫) 경전을 써서 베끼는 것. 사경(寫經)이라고도 한다. 불교 경전은 암송으로 전해지다가 기원전 1세기 무렵 스리랑카에서 처음으로 서사되었다. 서사는 일반적으로 패엽(貝葉)이라 불리는 종려나무과에 속하는 식물[陀羅樹]의 잎에 하였는데, 이 외 서북인도나 중앙아시아 등지에서는 자작나무 껍질과 같은 나무껍질, 헝겊 조각이나 동물의 가죽, 동판 등도 사용하였다.

삼밀가지 밀교에서는 중생의 행위가 본질적으로 붓다의 작용과 동일하다고 하는 이념에 근거하여, 신구의(身口意) 3업(三業)을 구밀(口密)·신밀(身密)·의밀(意密)의 삼밀(三密)이라고 한다. 몸으로는 수인(手印)을 맺고, 입으로는 진언을 독송하고, 마음으로는 본존을 관상(觀想)함으로써 붓다와 연결되게 된다. 그리고 붓다가 자비심으로 응답하고, 삼밀을 행하는 자가 깊은 믿음으로 붓다의 현현을 감득(感得)하는 것을 삼밀가지라고 한다.

나가르주나(龍樹)의 삶과 철학

나가르주나(Nāgārjuna, 龍樹, 150~250)에 대한 정확한 내용은 거의 알려져 있지 않다. 다만 4세기의 대표적인 역경승인 구마라집(鳩摩羅什, 344~413)이 한역(漢譯)한 『용수보살전』등에 그 전기가 실려 있다.

이 자료에 따르면 나가르주나라는 이름은 그의 어머니가 '아르주나'라고 하는 나무 아래에서 낳았기 때문이며, 나가는 용이 그의 깨달음을 도와주었기 때문에, 이를 합하여 나가르주나라고 했다고 한다.

나가르주나는 남인도의 바라문 가문에서 태어났으며, 매우 뛰어난 천재적 재능을 갖고 있었다고 한다. 그는 출가 전에 은신술(隱身術)을 익혀 궁중에 숨어들기도 했고, 용궁에서 남인도로 돌아왔으며, 기적과 신통을 통해 국왕과 바라문을 교화했다고 한다. 이는 실제 나가르주나의 전기라기보다는 그를 신비화하기 위한 의도로 창작된 것이라고 할 수 있다. 하지만 오늘날 일반적인 학설에 따르면, 나가르주나는 남인도 데칸 고원의 비다르바에서 태어났고, 남인도의 안드라 왕국에서 활약한 것은 사실로 받아들여지고 있다.

일반적으로 나가르주나는 대승의 대표적인 논사로 알려져 있지만, 다른 한편으로는 붓다의 사상 가운데 중도와 연기사상을 가장 훌륭하게 계승하고 있다고도 평가받는다. 즉 그는 설일체유부나 경량부, 혹은 뿌드갈라(pudgala, 個我)와 같은 실체관념을 주장하는 독자부 등의 견해를 비판하면서, 초기 경전에 구현되어 있는 붓다의 철학을 확립하고자 노력했다.

그는 또한 대승불교의 『반야경』계통에서 강조하는 공사상의 이론적 토대를 마련하여, 대승불교에 철학적 기초를 부여하고 대승불교의 사상을 확립했다. 그의 이러한 노력의 결과를 잘 보여주는 것이 바로 『중론(Mūlamadhyamakakārikā)』이다. 그 외에도 『회쟁론(迴諍論, Vigrahavyāvartanī)』, 『광파론(廣破論, Vaidalyaprakaraṇa)』등의 저술이 전한다.

제 2의 붓다, 나가르주나

이름의 유래

'나가', 용이 그의 깨달음을 도와줌.
'아르주나', 아르주나라는 나무 아래에서 태어남.
나가＋아르주나＝나가르주나

어디에서 태어났으며 어떻게 살았는가?

남인도 바라문 가문 출신
매우 뛰어난 천재적 재능을 가짐.
은신술을 익혀 궁중에 숨어들기도 함.
기적과 신통을 통해 국왕과 바라문 교화

대승의 대표적인 논사

붓다의 중도와 연기 사상을 가장 훌륭하게 계승
실체 관념을 주장하는 독자부 등의 견해 비판
초기경전에 구현되어 있는 붓다의 철학 새롭게 확립
공사상의 이론적 토대 마련, 대승불교 교의의 기초를 닦음.
중론, 회쟁론, 광파론 등 다수의 저서 남김.

설일체유부 상좌부에서 파생된 부파이다. 주로 카쉬미르와 간다라 지방에서 크게 세력을 떨쳤던 부파로, 과거·현재·미래의 모든 법이 실체로서 존재한다고 하는 삼세실유(三世實有)사상을 주장한 학파이다. 법의 실유는 주장했지만, 자아나 영혼과 같은 것의 존재는 인정하지 않는다.

경량부 상좌부 계통의 부파로, 분열의 가장 마지막 단계에서 나타난 학파이다. 학자들에 따르면 독립된 학파가 아닐 가능성도 제기된다. 모든 판단은 붓다의 말씀을 기록한 '경'에 의거하여야 한다는 주장을 하기에 경량부라는 이름이 붙었다.

독자부 상좌부 계통의 부파로, 개아, 곧 뿌드갈라를 인정하는 학파이다. 모든 부파를 통틀어 아뜨만과 유사한 개아를 인정한 유일한 학파라고 할 수 있는데, 독자부가 주장하는 뿌드갈라는 아뜨만과 같은 개념은 아니다. 하지만 오해의 소지가 다분하여, 모든 학파들이 독자부의 설을 비판한다. 세친의 『구사론』에서 제9품인 「파아품」은 독자부의 뿌드갈라설을 비판한 품이다.

공(空)사상

대승불교를 대표하는 사상이라 하면, 먼저 '공사상(空思想)'을 떠올릴 것이다. 대승의 공사상을 특별히 '공관(空觀)'이라고도 한다. 공관이란 모든 존재하는 것은 고정적인 실체를 갖지 않기에 '공(空)'이라고 관하는 것을 말한다. 이러한 공사상은 이미 초기불교 때부터 그 사상의 단초를 찾아볼 수 있다. 『반야경』 계통의 경전 편찬자들은 초기불교의 공사상을 받아들이고 더욱 발전시켜 대승불교의 기본 사상으로 삼았다.

대승불교가 '공사상'을 중심 교의로 삼은 것은 당시 설일체유부와 같은 부파불교의 여러 학파들이 법이 실체로서 존재[諸法實有]한다는 것을 주장하고 있기에, 이를 논파하고 붓다의 바른 가르침을 확립하고자 했기 때문이다.

하지만 대승의 '공사상'은 다양한 학파와 학자들에 의해 '허무주의'로 비판받았던 것도 사실이다. 일례로 설일체유부에서는 중관학파를 '도무론자(都無論者, 일체를 무라고 주장하는 자)'라고 비판하였고, 세친과 같은 논사들도 윤회의 주체인 뿌드갈라를 인정하는 독자부와 함께 대표적 이단설로 공사상을 비판하였다. 그러나 공사상은 그 어떠한 것도 고정적인 실체를 인정하지 않는 것이기에 허무론과는 다르다.

대승에서 말하는 공사상은 어떠한 것에도 실체적 의미를 부여하지 않는 것을 핵심으로 한다. 그 결과 윤회라든가 열반이라든가 깨달음, 번뇌와 같은 이분법적 이해를 거부한다. 즉 윤회의 삶이 곧 이상적인 삶인 열반과 다른 것이 아니며, 번뇌와 깨달음의 구별도 결국은 차별적 인식의 결과에 불과할 뿐이다. 공사상은 이러한 이분법적인 논리 구조를 타파하고, 불이(不二, 둘이 아닌 하나)의 논리로 최고의 경지를 표현한다. 이러한 공사상에 철저하게 되면, '나'와 '너'의 차별적 인식이 사라지고 진정한 자비행·보살행을 실천할 수 있게 된다.

공(空), 고정불변한 실체가 없다

유식사상(唯識思想)과 함께 대승불교의 대표적인 사상
모든 존재에는 영원불변하는 고유한 실체적인 존재는 없다는 것

⇩

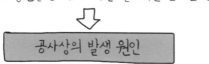
공사상의 발생 원인

당시 설일체유부를 비롯한 기존의 불교가 '모든 존재는 실체적인 것을
갖고 있다는 실유(實有)'를 주장. 그에 대한 부정의 논리가 공사상이었다.

⇩

그렇다면 공은 허무주의가 아닌가

아니다. 공은 허무주의가 아니다.
공사상은 '있음'과 '없음'의 두 극단에 치우치는 것을 비판.
어떠한 것에도 실체적 의미를 부여하지 않는 것이 핵심.

⇩

공의 이론적 바탕은 무엇인가

1. 5온개공(五蘊皆空): 색·수·상·행·식의 5온은 실체가 없다는 것.
2. 연기론(緣起論): 모든 존재는 연기적 존재로서 단독적 실체가 아니라
   는 것.

⇩

대승불교의 깨달음은 무엇인가

공에 대해 철저하게 인식함으로써 차별의식과 잡착심에서 벗어나
마음의 평온을 얻는 것.

뿌드갈라 뿌드갈라(Pudgala), 빨리
어로는 뿍갈라(puggala)라고 한다.
독자부에서 임시적으로 설정한 윤
회의 주체를 가리킨다. 인(人)·사
(士)·개아(個我) 등으로 번역되고,
보특가라(補特伽羅)라고 음사된다.

두 가지 진리
— 세속적인 진리와 궁극적인 진리 —

대승이 등장한 이후, 불교에서는 진리를 두 가지로 이해하는 경향이 생겨났다. 세속적 차원의 진리, 일반적 차원의 진리인 세속제(世俗諦, sammuti-sacca)와 궁극적 진리, 참다운 진리인 승의제(勝義諦, paramattha-sacca)이다.

세속제는 '일반적으로 그와 같이 정해져, 진실이라고 인정하는 것'으로, 사람들 간에 합의로 정한 것을 의미한다. 즉 '산'을 다른 말이 아닌 '산'으로 부르거나, 인간을 다른 생명체와 구별해서 '인간'으로 분류하는 것, 사회적 · 법률적 · 과학적 진리 등이 이에 포함된다. 세속제의 또 하나의 특징은 변화한다는 것이다. 인간들 사이의 약속이 세속제의 특징이기에 사회가 변하거나 새로운 과학적 발견이 나오면 진리의 내용도 바뀌게 된다.

하지만 승의제는 인간들이 제멋대로 정할 수 없는, '궁극의 진리'를 말한다. 아무리 시대와 사회가 변하더라도, 새로운 과학적 발견이 제시되더라도 변하지 않는 최종적인 의미의 진리가 승의제이다. 하지만 이러한 승의제는 세속제인 말에 의지하지 않고는 결코 알려질 수 없다. 만약 승의제가 말로 설명되지 않으면 궁극적 목표인 열반 또한 증득할 수 없게 된다. 이러한 의미에서 승의제와 세속제는 표리의 관계라고 할 수 있다.

한편 중관에서는 승의제를 공성(空性)으로 표현한다. 또한 말로 사물을 가리킴이 없이 공성의 가르침은 있을 수 없다고 한다. 그래서 중관학파는 승의제를 두 가지 의미로 사용한다. 하나는 궁극적 진리로서의 승의제이다. 즉 분석되지 않는 일차적 존재인데, 중관학파는 하나의 궁극적 진리로서의 사물은 존재하지 않는다고 비판한다. 두 번째는 사물의 궁극적인 방식, 상태로서 파악되는 것인데 그것은 곧 공성으로 표현된다. 중관에서 인정하는 승의제는 바로 두 번째 의미이다.

두 가지 진리는 무엇인가

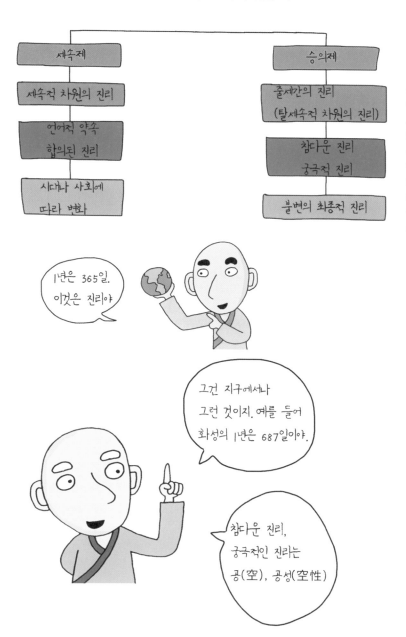

공성 공(Sk. śūnya, Pā. suñña, 空)은 고정적인 실체를 부정하는 용어로, 문법적으로는 형용사이다. '연기(緣起)하는 존재는 자성(自性, 스스로 그러한 성품)이 없기에, 공(空)하다.'라는 것이 기본적인 공식이다. 그런데 공성(Sk. śūnyatā, Pā. suññatā, 空性)이라고 하면, 번역하면 '공인 것'이 된다. 그리고 문법적으로는 명사이다.

유가행파(유식사상)
— 모든 것은 의식의 작용 —

유가행파(瑜伽行派, Yogācāra)는 중관학파와 더불어 대승의 양대 학파를 이룬다. 유가행파를 유식학파라고도 한다. 유가행파를 의미하는 '요가짜라'는 요가(yoga), 즉 선정을 수행한다는 의미로 수행(修行), 적정수행(寂靜修行) 등을 뜻한다. 그 외에도 유식(唯識, vijñaptimātra), 유심(唯心, cittamātra) 등으로도 불린다. 이 가운데 가장 널리 알려진 표현은 유식일 것이다. 유식이란 "일체의 법(모든 것)은 오직 의식(識, vijñapti)에 지나지 않는다"라는 주장에서 유래한 것이다.

유가행파는 미륵(彌勒, Maitreyanātha, 270~350년 경)을 시조로 하고 무착(無著, Asaṅga, 4세기 경)과 세친(世親, Vasubandhu, 4세기 경)이 크게 발전시켰다. 전하는 바에 따르면 무착은 미륵보살로부터 가르침을 전수받았다고 한다. 무착은 『섭대승론(攝大乘論)』과 『유가사지론(瑜伽師地論)』 등을 저술하였고 동생인 세친을 대승불교로 전향시켰다고 한다. 세친은 『유식삼십송(唯識三十頌)』과 『유식이십론(唯識二十論)』 등을 저술하였다. 한편 무착은 유가행파의 대표적인 이론인 3성설(三性說)과 알라야식(阿賴耶識, ālaya-vijñāna)설을 유기적으로 통합하여 실천행의 이론적 토대로 삼고, 이 세 가지를 아울러 모든 대승교설의 기초로 삼았다고 평가받는다. 그리고 세친은 식이론(識理論)을 더욱 발전시켜서 유식설을 완성했다.

섭대승론
산스끄리뜨어 원저인 Mahāyānasaṃgraha의 한역을 말한다. 이 논서는 유가행파의 창시자인 무착의 주요저서로 알려져 있다. 유식학파의 근본성전 가운데 하나로, 5세기경 저술되었다. 『마하야나상그라하』란 '대승의 가장 중요한 뜻(要義)을 정리한 것'이라는 뜻이다. 이 논서는 아뢰야식, 삼성설, 유식수행론 등 유식사상의 핵심을 체계화시킨 저술로 평가받고 있다. 원본인 산스끄리뜨어본은 없어져서 전해지지 않으며, 한역 3본과 티벳역이 남아 있다.

유가행파=유식사상

유가행파(瑜伽行派, Yogācāra)를 유식학파라고도 함.
유식(唯識): 모든 형상과 존재는 오직 의식이 만든 것에 지나지 않는다는 것.

유가행파의 대성자(大成者)

무착(Asaṅga)

섭대승론,
유가사지론 등

삼성설, 알라야(ālaya)식설
통합시켜 실천행위 이론적 토대 삼음.
오랜 시간에 걸쳐 형성된 사상

세친(Vasubandhu)

유식삼십송,
유식이십송 등

식이론(識理論) 발전시킴.
유식설 대성시킴.

유식학파의 학승
⬇
용수의 공사상 수용
⬇
유가행파 성립
(유식사상 성립)

가장 잘 해설된 참고도서: 마음의 비밀-아뢰야식의 발견(요코야마 코이츠 지음,
김명우 옮김)

유가사지론 산스끄리뜨어 원저인 Yogācārabhūmi-śāstra의 한역을 말한다. 이 논서는 미륵보살이 강설한 것을 무착이 기록하여 성립된 논서로서 유가행파의 근본 논서 가운데 하나이다. 또한 법상종의 가장 중요한 논서이며, 불교 역사상 매우 중요한 위치를 차지하고 있는 논서이다. 줄여서 『유가론』이라고도 한다.

유식삼십송 산스끄리뜨어 원저인 Triṃśikā-Vijñaptimātratā의 한역으로, 세친(Vasubandhu)의 저술이다. 짧은 게송으로 이루어진 『유식삼십송』은 유식의 핵심을 매우 간결하게 표현한 명작으로 평가받고 있다. 이에 대한 세친의 직접적인 해설이 없어서 세친이 입적한 뒤 그 내용의 해석을 둘러싸고 다양한 논쟁이 벌어지기도 했다.

유식이십론 산스끄리뜨어 원저인 Viṃśatikā-Vijñaptimātratāsiddhiḥ의 한역으로, 『유식삼십송』과 더불어 세친(Vasubandhu)의 대표적인 저술이다. 외계에 사물이 실재한다고 보는 다른 학파의 비판에 대해서 하나하나 게송으로 반론한 것으로 "일체는 단지 식일 뿐이다"라는 유식학파의 근본명제를 입증한 책이다. 이 책은 22게송으로 이루어져 있으며, 세친의 주석으로 구성되어 있다.

미륵 무착, 세친과 더불어 유가행파의 창시자로 알려짐. 일부 학자들은 이 미륵이 미륵보살의 모델이 되었다고 보기도 한다.

무착, 세친 무착과 세친은 형제로서 동생인 세친은 본래 부파불교도였는데, 무착이 세친에게 유식의 가르침을 전하여 대승불교도가 되었다는 설도 있다. 유식학파는 실질적으로 이 두 형제가 확립시켰다고 할 수 있다.

알라야식(아뢰야식)
— 마음속의 심층 의식 —

알라야식(阿賴耶識, ālayavijñāna)은 유식 3성설과 더불어 유가행파의 대표적인 이론이다. 우리가 일상적인 차원에서 말하는 의식(識, vijñāna)을 유가행파에서는 8종으로 구분하는데, 감각적 의식인 전5식(前五識 : 眼識·耳識·鼻識·舌識·身識)과 종합하여 판단하는 의식인 제6의식(意識, manovijñāna), 7식인 말나식(末那識 : kliṣṭamanas)과 마지막 8식인 알라야식이다.

전5식은 6식인 의식 앞에 있는 의식이라는 뜻으로 눈[眼識]·귀[耳識]·코[鼻識]·혀[舌識]·육체[身識]를 가리킨다. 눈으로는 보고, 귀로는 듣고, 코로는 냄새를 맡고, 혀로는 맛을 알고, 육체로는 감각적인 것을 느낀다. 제6식인 의식(意識)은 이 모든 것들을 종합적으로 판단·분별하는 기능을 갖고 있다. 제7말나식은 알라야식을 자아라고 오인하고 망상하는 의식이라서 염오식(染汚識)이라고도 한다. 말나식은 유가행파에서 만든 독창적인 표현인 반면에 알라야식의 알라야는 초기불교에서도 등장하는 개념이다.

제8알라야식은 모든 것을 저장·간직해 두는 의식이다. 그 사람이 한 행위나 생각 등이 자동으로 저장된다. 모든 것을 저장한다 하여 함장식(含藏識)이라고 한다. 또 경험한 것이 저장되어 종자가 된다고 하여 종자식(種子識)이라고도 한다. 알라야식은 모든 것을 입력해 두는 컴퓨터의 하드웨어와 같다고 할 수 있다. 다만 컴퓨터는 용량의 제한이 있지만 알라야식은 용량의 제한이 없고 그 어떤 기능으로도 변경하거나 삭제할 수 없다. 의식 가운데 가장 깊은 곳에 있어, 잠재의식으로도 이해되지만, 알라야식을 표현하는 충분한 용어는 아니다.

유가행파에서는 쉼 없이 변화하는 심층의식의 흐름을 비유하여 알라야식을 격류라고도 표현했다. 유가행파에서 알라야식을 상정하게 된 것은 한 인간이 현생(現生)뿐만 아니라 끊임없이 되풀이되는 윤회의 과정을 거치는 동안 그 주체를 확보하기 위함이었다. 그러한 뜻에서 알라야식을 함장식이라고 했다.

마음속의 심층 의식

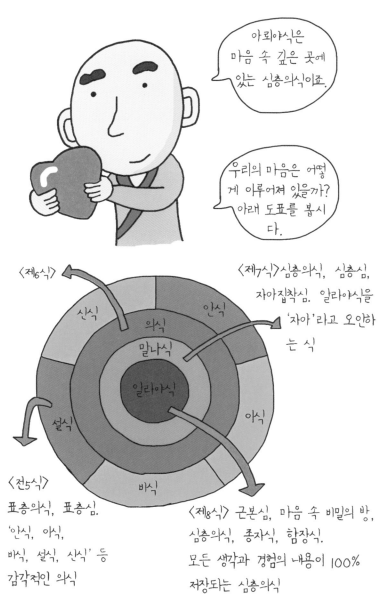

아뢰야식은 마음 속 깊은 곳에 있는 심층의식이죠.

우리의 마음은 어떻게 이루어져 있을까? 아래 도표를 봅시다.

〈제6식〉

신식

의식

말나식

알라야식

안식

아식

설식

비식

〈제7식〉심층의식, 심층심, 자아집착심. 알라야식을 '자아'라고 오인하는 식

〈전5식〉
표층의식, 표층심.
'안식, 아식, 비식, 설식, 신식' 등
감각적인 의식

〈제8식〉 근본심, 마음 속 비밀의 방, 심층의식, 종자식, 함장식.
모든 생각과 경험의 내용이 100% 저장되는 심층의식

3성설 변계소집성(遍計所執性), 의타기성(依他起性), 원성실성(圓成實性)을 말한다. 변계소집성이란 널리 분별하여 실체가 있다고 집착하는 것으로, 실제로 존재하지 않지만 실재한다고 분별하여 집착하는 것을 말한다. 의타기성이란 다른 것에 의지하여 일어나는 것, 즉 인연에 의해서 생겨나는 것을 말한다. 여기에는 고정된 실체가 없이, 다만 현상으로서 나타나는 것이다. 원성실성은 완전하고 원만한 진실의 성질을 말하는 것으로, 제법(諸法, 모든 현상)의 진여(眞如)를 가리킨다. 이것은 현상에 내재해서 현현하는 보편적인 진리이지만, 그 자체는 현상 곧 인연 생기를 초월한 것을 말한다.

여래장사상
— 누구나 여래·붓다가 될 수 있다 —

여래(如來, tathāgata)는 붓다의 10대 별칭 가운데 하나이다. 여래장(如來藏, tathāgatagarbha) 사상이란 비록 미혹한 중생이라도 수행을 한다면 충분히 깨달을 수 있다는 학설이다.

즉 깨달은 자인 붓다가 될 수 있는 가능성을 가진 사람, 혹은 근거나 토대를 의미한다. 여래장은 여래가 될 토대, 여래의 내적인 종자, 여래가 될 수 있는 가능성 등으로도 표현한다. 여래의 가능성을 갖고 있지만 현실적으로는 여래가 아님을 비유한 것이다.

여래장 사상은 3세기 중엽 무렵에 등장한다. 이 시기에 성립된 경전이 『여래장경(如來藏經, Tathāgatagarbha sūtra)』이다. 이 경전에서는 중생이 비록 번뇌 속에 있지만 모든 중생의 마음 가운데에는 항상 여래장이 존재하고 있음을 주장한다.

여래장 사상의 근원은 '자성청정심(自性淸淨心)'의 개념에 바탕한다. 우리의 마음은 본래 청정하여 결코 번뇌에 물들지 않는다는 것을 의미한다. 누구나 자성(自性)은 청정하고 번뇌에 물들지 않는 것이므로, 이는 불성사상과 여래장 사상의 맹아(萌芽)가 되었다.

여래장 사상은 『승만경』에서도 찾아볼 수 있다. 이 경전에는 "(여래장은) 시작도 없고, 만들어지지도 생하지도 죽지도 않는다. (여래장은) 불사(不死)이며 상주(常住)하고 확고하며 적정하고 영원하며 본질적으로 청정하다. 이러한 여래의 법신이 번뇌의 껍질에서 벗어나지 않았을 때, 여래장이라고 불린다"라고 설하고 있어, 자성청정심의 관념을 잘 보여주고 있다.

하지만 자성청정심, 여래장, 불성(깨달을 수 있는 바탕)을 말한다고 해도 이것을 자아(自我, 아뜨만)로 간주해서는 안 된다. 여래장경 등 여래장 계열의 경전들에서는 한결같이 "자아개념을 가진 사람들은 여래장을 인식할 수 없고, 깨달을 수 없다"고 강조하고 있다.

여래장사상(불성사상)

태양이 구름에 가려 있어도 늘 빛나듯이
모든 생명은 여래의 빛나는 종자를 갖고 있다.

> 모든 사람, 모든 중생의 마음 속엔
> 여래의 밝은 성품이 내재해 있음.

> 따라서 수행을 통해 깨달을 수 있고
> 누구나 붓다와 같은 성자가 될 수 있다.

불성사상(佛性思想)

모든 중생은 부처가 될 수 있는, 즉 깨달을 수 있는 요소를 갖고 있다는 것.
복숭아 씨앗을 심었다. 그랬더니 복숭아 나무가 나와서 큰 복숭아 나무가 되었다.

(一切衆生 悉有佛性)

승만경 이 경의 갖춘 이름은 『승만
사자후일승대방편방광경(勝鬘師子
吼一乘大方便方廣經, Śrīmālādevī-
siṃha-nāda-sūtra)』이다. 의미는
승만 부인이 일승의 대승 방편을 널
리 설한 사자후의 경이 된다. 산스
끄리뜨 원본은 전하지 않고, 한역과
티벳 역이 전한다. 『유마경』과 더불
어 재가자가 주인공인 대표적인 경
전이다. 이 경전에서는 아라한과 벽
지불에 대한 비판이 자세히 기술되
어 있다.

밀교의 성립과 발전

인도에서 대승불교가 일어나면서, 불교는 다양한 신들을 받아들여 유신론(有神論)적 특징을 띠게 되었고, 불보살들에 의한 구원론적 관념을 보완하여 대중화를 꾀하였다. 후기에 힌두교의 주술적 요소들을 적극적으로 흡수하여 불교화하는 작업도 이루어졌다. 이러한 과정 속에서 밀교(Tantric Buddhism)가 등장한다. 이렇게 보면 밀교는 매우 후대에 등장한 것으로 생각할 수 있다. 하지만 실제 밀교경전의 성립은 3세기경으로까지 거슬러 올라갈 수 있을 정도로 일찍 이루어졌다. 밀교의 발전 과정은 크게 3단계로 정리할 수 있다.

먼저 6세기까지를 초기 밀교라고 하는데, 이 시기는 힌두교의 영향을 받아 대승불교에 밀교적 의례가 침투한 시기이다. 중기 밀교는 7세기까지로, 중관학파와 유식학파의 교리를 받아들여 사상과 실천 체계를 정비한 시기이다. 그리고 8세기 이후를 후기 밀교라고 한다. 이 시기에는 힌두교의 샤띠(śakti, 性力) 사상의 영향을 받게 된다. 또 한 가지 특징은 후기밀교 시대에 접어들면서 밀교적 기법의 수행방식이 인도의 불교 수행을 압도하게 된다.

이렇게 밀교가 강력한 힘을 발휘하게 된 것은 밀교의 수행과 의례가 세속적인 바람(부나 명예 등의 획득)을 실현하는 수단이었을 뿐만 아니라, 깨달음을 성취하는데 강력하고 효과적인 수단으로 여겨졌기 때문이다. 또 하나의 이유는 밀교가 구원론적 기능을 크게 발전시켰던 것에서도 찾을 수 있다. 밀교 수행의 목적은 병을 치유하거나 위험에서 보호받는 세속적인 것에서부터 궁극적인 해탈의 성취에 이르는 내용을 포괄한다. 한편 밀교는 의례를 통해 삼매, 즉 깨달은 마음으로 간주되는 신격을 불러내어 숭배하는 것을 중점에 두고 행해졌다.

이러한 밀교는 8세기에서 12세기에 걸쳐서 인도불교를 계승한 티벳으로 전해져 철저하게 밀교적 전통을 발전시켰다. 그 결과 티벳의 모든 불교 종파는 밀교를 최상의 형태이며 가장 효과적인 형태로 간주하게 되었다.

밀교의 성립과 발전

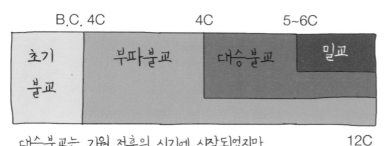

대승불교는 기원 전후의 시기에 시작되었지만,
독립된 학파는 4세기 무렵에 형성 되었다.

샥띠 샥띠는 우주의 여성적 창조력을 뜻하는 개념으로, 의인화되어 종교적 측면에서는 '위대한 신성한 어머니(Great Divine Mother)'라고도 불린다. 힌두교에서 샥띠는 물질 우주에서 여성체, 여성적 창조성, 여성의 생식력(生殖力)과 같은 형태로 잘 드러난다. 또한 샥띠는 창조에만 관여하는 것이 아니라 모든 변화의 대리자이기도 하다.

밀교 대승불교 가운데 비밀스러운 가르침이라 하여 현교(顯敎)의 반대되는 가르침이라고도 한다. 불교에서 밀교는 인도에서 발생하여, 7세기에 『대일경(大日經)』과 『금강정경(金剛頂經)』의 성립으로 사상과 실천체계를 정비하여 중앙아시아, 중국, 티벳, 동남아시아 등 각지로 전파되었다. 밀교는 특히 티벳에서 크게 발전하였다.

인도에서 불교가 사라지다

인도에서 불교가 사라진 연도는 정확히 인도 최초의 이슬람 왕조인 델리 왕조의 아이박(Aybak)이 비끄라마쉴라 사원과 날란다 사원을 공격하여 파괴한 1203년으로 본다. 인도에서 불교가 발생한 기원 전 6~5세기경부터 기원 후 13세기까지 대략 1800여 년의 역사가 사라지는 순간이었다. 불교는 한때 인도에서 가장 큰 세력을 가진 종교로서 인도의 정신문명을 이끌었으며, 힌두교의 등장 이후에도 불교는 나름의 세력을 유지하고 있었다. 그런 불교가 한 순간, 이슬람의 공격을 받아 인도에서 자취를 감춘 것은 참으로 불가사의한 일이라고 할 수 있다. 이슬람의 공격을 받은 것은 힌두교나 자이나교도 마찬가지였다. 하지만 그들은 살아남았고, 불교는 소멸하였다. 왜 이런 일이 벌어진 것일까?

고따마 붓다는 새로운 종교 운동의 리더로서 당시 바라문교(힌두교의 전신)를 비판하고, 새로운 시대 질서를 이끄는 이념을 제공함으로써 많은 왕족과 거대 상인은 물론이거니와 인도 대중들의 전폭적인 지지를 받았다. 불교는 고따마 붓다 이후에도 새로운 철학에 바탕을 둔 종교관과 세계관·인생관·우주관 등을 통해 인도의 변혁을 주도하며, 인도의 대표적인 종교로 성장했다.

하지만 어느 순간부터 불교는 왕실과 거부(巨富)들의 엄청난 경제적 지원을 바탕으로 풍요와 번성을 한껏 누리며 대중과 괴리된 채 철학적·종교적 사색에만 몰두하는 경향을 보이기 시작하였다. 그러는 동안 바라문교는 불교의 철학적·종교적 영향을 받아 새롭게 힌두교로 변모하여 인도인들의 삶의 기저에 파고들어 인도의 새로운 지도적 종교의 위상을 되찾게 되었다.

불교는 더 이상 인도인들에게 새로운 사회적 메시지를 던져주지 못했고, 오히려 힌두교의 의례를 받아들이면서 힌두교의 대항세력으로서의 역할을 하지 못하게 되었다. 이렇듯 사회적 기능을 상실한 불교는 결국 이슬람의 공격을 받고 허무하게 1800여 년의 역사에 종지부를 찍고 말았다.

인도에서 불교가 사라지다

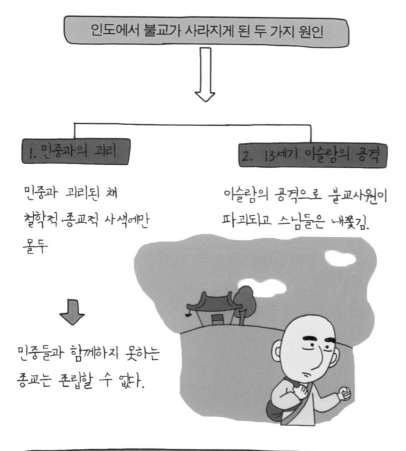

인도에서 불교가 사라지게 된 두 가지 원인

1. 민중과의 괴리

민중과 괴리된 채
철학적·종교적 사색에만
몰두

민중들과 함께하지 못하는
종교는 존립할 수 없다.

2. 13세기 이슬람의 공격

이슬람의 공격으로 불교사원이
파괴되고 스님들은 내쫓김.

인도에서 불교가 사라진 배경에 대해서는
계속 연구가 진행 중야.

비끄라마쉴라(Vikramasila) 나란
다(Nalanda)와 함께 빨라(Pala) 왕
조기에 건설된 사원으로 불교 학
문 활동의 가장 중요한 중심지였
다. 비끄라마쉴라 사원은 다르마빨
라(Dharmapala, 783~820) 왕이
설립했다.

인도 불교의 부활

불교가 인도에서 사라진 후, 다시 부활의 움직임을 보인 것은 영국 식민지 시절에 이르러서였다. 스리랑카 등 동남아 불교국가에서 전도승(傳道僧)을 파견하여 인도불교 부활에 힘썼으나 큰 성과는 거두지 못했다. 그러던 중 인도 고대종교의 부활을 목적으로 설립된 신지학회(神智學會)와 같은 단체의 지원으로 인도불교 부활에 계기를 마련하였다. 스리랑카 출신의 다르마빨라(Dharmapāla, 1864~1933) 스님은 신지학회의 지원을 받아 인도불교 부활에 뛰어든 대표적인 스님이다. 스님은 '마하보디협회'를 설립한 뒤, 1892년부터 본격적으로 인도불교 부활운동에 뛰어들었다. 그 후 인도 각지에서 순회법회를 열며 활발한 활동을 하다가, 1914년에는 영국 정부의 요청을 받은 실론 정부에 의해 5년간 감금당하기도 했다. 스님은 한평생 인도불교 부활운동에 헌신하다가 1933년에 입적하였다.

스님의 뒤를 이어 인도불교의 부흥에 앞장선 사람이 바로 인도 헌법의 아버지 암베드까르(Ambedkar, 1891~1956) 박사이다. 그는 1891년 인도의 최하층민인 불가촉천민으로 태어났지만, 뛰어난 재능으로 미국 컬럼비아대학을 거쳐 영국의 런던경제대학에서 박사학위를 받았다. 이후 귀국하여 간디와 함께 인도 독립운동에 헌신하였다. 그리고 1927년에 "나는 힌두로 태어났지만 힌두로 죽지 않을 것이다"라는 유명한 연설을 하면서 탈힌두를 선언하였다.

암베드까르는 1953년에 '인도불교협회'를 창설하여 불교 대중화 운동을 이끌다가, 1956년 서인도 마하라쉬뜨라(Maharashtra) 주의 나그뿌르(Nagpur)에서 불가촉민 60만 명을 이끌고 집단 개종의식을 치루면서 본격적으로 불교 부흥운동에 앞장섰다. 암베드까르 박사의 사후에도 여러 국제 불교단체의 지원에 힘입어 집단 개종의식은 계속 이어지고 있다. 동시에 불가촉민들의 권익보호와 사회의 불합리한 제도를 개혁하는 데 불교가 선도적 역할을 하고 있다. 현재 불교는 약 1,000만의 신자를 지닌 종교로 성장했다.

새롭게 싹트는 인도 불교

인도 영국 식민지 시절 불교 부활의 조짐을 보임
스리랑카 등 동남아 불교국가에서 인도로 전도승 파견(큰 성과는
거두지 못함)

신지학회(神智學會)의 적극적 지원으로 커다란 계기 마련
신지학회의 지원을 받아 스리랑카 출신 다르마빨라 스님
인도불교의 부활에 뛰어듦.

다르마빨라 스님의 빛나는 활약
마하보디협회 설립 후 1892년부터 활동 시작
인도 각지 순회법회를 열며 활발히 전법
실론 정부에 의해 5년 동안 구금당하기도 함.
한평생 인도불교 부활운동에 헌신하다 1933년 입적

인도 헌법의 아버지 암베드까르의 본격적인 인도불교 부흥 운동
1891년 불가촉민으로 태어남.
뛰어난 재능으로 미국 컬럼비아 대학을 거쳐 영국 런던경제대학
에서 박사학위 취득
간디와 함께 인도 독립운동에 헌신
1927년 "나는 힌두로 태어났지만 힌두로 죽지 않을 것야." 라는
유명한 연설을 하면서 탈힌두 선언
1953년 인도불교협회 창설—불교대중화 운동
1956년 서인도 마하라쉬뜨라 주의 나그뿌라에서 불가촉민 60만명을
이끌고 집단개종의식을 치르면서 본격적인 인도불교 부흥운동

불가촉민들의 권익보호와 사회의 불합리한 제도 개선에
불교가 선도적 역할을 하고 있음. 현재 인도불교는 1,000만여
명의 신도를 지닌 종교로 성장

암베드까르(1891~1956) 인도의 정치가이자 인도불교 부흥의 주역. 중인도 인도르(Indore) 부근의 작은 마을 모우(Mhow)에서 불가촉천민으로 탄생. 영국 런던경제대학에서 루피화 문제를 테마로 박사학위를 취득. 학위 취득 후, 귀국하여 간디를 도와 인도 독립운동에 주도적으로 참여하고, 1947~51년 인도 법무장관을 지냈다. 불가촉천민에 대한 차별을 불법화하는 인도 헌법 구성에 앞장서는 등 불가촉천민 해방운동에도 헌신하였다. 1956년 10월 불가촉천민을 차별하는 힌두교의 교리에 실망, 힌두교를 버리고 인도 나그뿌르에서 불가촉천민 60만 명과 함께 집단 개종의식을 치르고 불교 부흥운동에 앞장섰다. 인도불교의 아버지로 추앙받고 있다.

제 5 장
불교교단의 생활

신자들은 포살일에
가까운 승원에 가서
8재계를 지킬 것을
약속

계율의 의미
— 불교도의 생활 규범 —

계율(戒律)이란 불교도가 불교도로서 살아가기 위해 꼭 실천해야 할 생활상의 규범을 말한다.

계율은 계(戒, śīla)와 율(律, vinaya)이라는 두 말이 합쳐져 이루어진 합성어이다. 계는 원래 성질이나 특징, 습관, 행위 등을 의미하는 말인데, 불교에 도입되면서 특히 좋은 습관, 좋은 특징, 선한 행위, 도덕적 행위 등을 가리키게 되었다.

불교에서 말하는 좋은 습관이란 재가자의 경우 5계(五戒)가 중심이 된다. 살생, 도둑질, 사음, 거짓말, 술을 멀리 하는 것이다. 계는 강제성을 지니는 규범은 아니기 때문에 설사 어겼다 해도 벌을 받는 일은 없다. 중요한 것은 악행을 멀리 하고자 하는 자발적인 정신력에 기반을 둔 실천으로 선행을 몸에 배게 해야 한다는 점이다.

한편, 율의 원어인 위나야(vinaya)는 제거하다·훈련하다·교육하다는 의미를 지니는 동사 vi-√nī로부터 파생된 명사로 규칙·조복(調伏)·멸(滅)의 뜻을 갖고 있다. 심신을 잘 다스려 번뇌나 악행을 제거하고 나쁜 습관을 버리게 해서 올바른 방향으로 이끌어나간다는 뜻으로, 더 나아가 출가자를 중심으로 형성된 승가공동체의 규칙을 일컫는 말로 사용되고 있다. 계는 출가·재가를 불문하고 다 적용되는 윤리적 가르침이지만, 율은 승가의 질서를 유지하기 위해 필요한 강제적이고도 객관적인 규범이므로 출가자에게만 적용된다.

붓다가 깨달음을 얻은 후 5년 동안 비구 승가는 청정한 상태를 유지했다. 그러나 이후 하나 둘씩 악행을 저지르는 이들이 나타나게 되었고, 붓다는 사건이 발생할 때마다 율을 제정하게 되었다고 한다. 이 때문에 율 조문은 '수범수제(隨犯隨制)' 즉 악행을 저지르는 자가 나타날 때마다 그 악행을 금지하는 식으로 제정되어 갔다. 이렇게 제정된 율 조문은 제1결집을 통해 율장(律藏)으로 편집되었다.

불교도의 생활지침

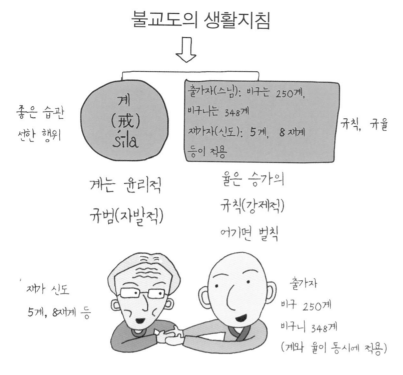

계(戒) sīla
- 좋은 습관
- 선한 행위

출가자(스님): 비구는 250계, 비구니는 348계
재가자(신도): 5계, 8재계 등이 적용
규칙, 규율

계는 윤리적 규범(자발적)

율은 승가의 규칙(강제적) 어기면 벌칙

재가 신도
5계, 8재계 등

출가자
비구 250계
비구니 348계
(계와 율이 동시에 적용)

계율을 제정하게 된 동기

수범수제(隨犯隨制)
승가에 악행을 저지르는 자가 나타날 때마다
그 악행을 금지하는 조문 제정.
후대에 '율장'으로 편찬

바라이(波羅夷) 승가의 규율 가운데 가장 무거운 죄. 음욕, 5전 이상의 도둑질, 살인, 깨닫지 않았으면서 깨달았다고 거짓말하는 대망어의 네 가지 행동이 포함된다. 비구니는 네 가지를 더 추가하여 총 여덟 가지가 거론된다. 이 중 하나라도 저지르면 비구·비구니로서의 자격을 완전히 상실하게 된다.

승잔(僧殘) 구족계 가운데 바라이 다음 가는 중죄. 바라이와는 달리 일정 기간의 참회를 통해 비구의 신분을 회복하고 승가에 남아 있을 수 있다고 하여 승잔이라고 한다. 고의로 정액을 흘리거나, 타인을 비방하거나, 승가의 화합을 깨고자 하여 충고를 받고도 개선하지 않는 경우 등의 13가지 행위가 포함된다.

부정(不定) 구족계 분류 중 하나. 처음부터 죄의 종류를 결정할 수 없는, 말하자면 비구 자신의 고백이나 혹은 범계 장면을 목격한 신심 있는 우바이의 증언에 의하여 바라이, 승잔, 바일제 가운데 하나로 결정할 수 있기 때문에 부정이라고 부른다.

학처(學處, sikkhāpada) 불교도가 배워서 실천해야 할 규범. 5계·8재계·10계·구족계 등 모든 계를 가리키는 말이지만, 특히 구족계를 일컫는 말로 사용된다.

율장의 구성과 내용

경·율·논 삼장 가운데 율장(律藏)은 비구·비구니가 지켜야 할 규칙을 모아 놓은 문헌으로, 크게는 경분별(經分別)과 건도부(犍度部), 그리고 부수(付隨)의 세 부분으로 구성되어 있다. 경분별은 바라제목차(pāṭimokkha)에 대한 해설서이다. 바라제목차란 비구나 비구니가 지켜야 할 계율 조문을 모아 놓은 조문집을 일컫는 말로, 계본(戒本) 혹은 계경(戒經)이라고도 한다. 바라제목차는 보름마다 한 번씩 실행되는 포살의식에서 낭송된다. 바라제목차를 구성하는 각 조문은 학처(學處, sikkhāpada)라고 하는데, 경분별은 각 학처가 제정되게 된 인연담을 시작으로 그 조문의 해석과 적용에 대한 예까지 구체적으로 다루고 있다.

바라제목차는 비구가 지켜야 할 조문 250개, 비구니가 지켜야 할 조문 348개로 구성되어 있으며, 내용상으로는 바라이, 승잔, 부정, 니살기바일제, 바일제, 바라제제사니, 중학, 멸쟁의 8부분으로 분류된다. 이 중 바라이는 출가수행자가 반드시 지켜야 할 계율이다. 즉, 성적 행위를 하는 것[婬行], 사람을 죽이는 것[殺人], 타인의 물건을 훔치는 것[偸盜], 실은 깨닫지 못했으면서 '나는 깨달았다'고 거짓말 하는 것[大妄語] 4가지인데, 이 가운데 한 가지라도 범한 자는 비구 혹은 비구니로서의 자격을 완전히 상실하게 된다. 그밖에 승잔죄도 일정 기간 별주(別住, 대중들과 격리된 생활) 생활을 하며 근신해야 하는 중죄이다. 그 외 부정, 바일제 등은 모두 경죄(輕罪)로 취급되어 참회를 통해 청정비구로 돌아올 수 있다.

이와 같이 경분별이 개인이 하지 말아야 할 규범을 모아 놓은 바라제목차에 대한 주석이라면, 건도부는 승가의 일원으로서 반드시 지켜야 할 규칙을 담고 있다. 즉, 포살이나 안거, 자자와 같은 중요 행사에 참여하는 방법, 율을 어긴 비구를 징벌하는 방법, 승가 안의 재판 규정 등 주로 갈마와 관련된 것들이 많다. 부수는 주로 경분별에 나오는 내용의 요약 및 종합적인 이해를 돕기 위해 핵심적인 단어를 모아놓은 것이다.

율장(律藏)의 구성

- 경분별(經分別, suttavibhaṅga): 波羅提木叉, pāṭimokkha

- 건도부(健度部, khandhaka): 각종 승가회의 및 의식주 등에 관한 규칙

- 부수(付隨, parivāra) : 경분별, 건도부의 내용을 암기하기 쉽도록
  요약한 것

바라제목차란?

계본 또는 계경이라고도 함

비구, 비구니가 각각 지켜야 할 조문을 모아놓은 조문집

포살에서 낭송된다.

무거운 죄

1. 바라이
   살생, 투도, 음행, 망어를 4바라이죄라 함.
   네 가지 중 한 가지라도 어기면 비구, 비구니 자격을 영원히 박탈

2. 승잔(僧殘)
   바라이에 이어 두 번째 중죄. 추방하지는 않지만 일정 기간 근신해야 함.

가벼운 죄

3. 부정(不定)
4. 바일제(波逸提)
5. 바라제제사니(波羅提提舍尼)   참회
6. 중학(衆學)

7. 멸쟁(滅諍)

니살기바일제(尼薩耆波逸提) 의류나 금전 등 부정한 재물 소지를 금지하는 것으로, 이를 범한 비구는 문제의 재물을 승가에 내놓고 자신의 행위에 대해 고백 참회해야 한다. 사타법(捨墮法)이라고 한역한다.

바일제(波逸提) 니살기바일제와 달리, 이 경우에는 승가에 내 놓을 물건이 없기 때문에 그냥 2~3명 혹은 1명의 비구 앞에서 참회함으로써 청정비구로 돌아올 수 있다.

바라제제사니(波羅提提舍尼) 다른 비구에게 참회해야 할 법이라는 의미로, 대수참(對首懺) 혹은 회과법(悔過法)이라고 의역한다. 한 명의 비구 앞에서 참회해야 하는 죄. 받아서는 안 되는 음식물을 받아서 먹어버린 경우에 이를 나중에 알아차리고 참회하는 것이다.

멸쟁(滅諍) 승가에 다툼이 발생했을 때 이를 올바른 방법으로 신속하게 가라앉히기 위한 방법. 전부 7가지가 언급된다. 승가의 화합 유지는 모든 구성원의 의무이므로 바라제목차 조문으로 제시된 것으로 보인다.

승가(僧伽)

붓다의 법과 율에 의지하여 출가 수행하는 비구(니)들의 공동체를 승가(僧伽, saṃgha)라고 부른다. 원래 승가라는 용어는 불교 수행자 집단만을 의미하는 고유 명사가 아닌, 상공업자의 조합이나 정치상의 단체 혹은 종교단체 등 다양한 성격의 단체를 가리키는 말로 널리 사용되던 것이었다. 그런데 붓다는 이 말과 함께 그러한 단체에서 사용하는 운영 내지 의사 결정 방법 등을 도입하여 불교승가의 운영에 활용했다. 특히 공화정치를 하고 있던 왓지 족의 운영 방법을 받아들여 승가의 운영에 응용했다는 것이 초기경전 가운데 하나인『마하빠리닙바나 숫딴따(Mahāparinibbāna-suttanta, 大般涅槃經)』에 전해진다.

여기에 나오는 7불쇠퇴법(일곱 가지 쇠퇴하지 않는 법)의 가르침에 의하면, 비구들은 항상 모여서 서로 논의하고, 모두의 의견이 반영되어 결정된 결론에 따라 함께 행동해야 하며, 마음대로 약속을 깨지 않고 이미 정해진 규율을 소중하게 지켜야 하며, 먼저 출가한 장로를 존경해야 한다. 즉, 특정한 한 사람의 판단이나 지휘로 승가 운영을 해서는 안 되며 오로지 붓다가 제정한 규율과 그에 기반을 둔 승가 구성원 전원의 의견과 행동에 따라 이루어져야 함을 보여준다.

승가의 구성원이 함께 결정하고, 그 결정에 따라 함께 행동한다고 하는 승가 운영의 기본 방침은 '현전승가(現前僧伽, sammukhībhūta-saṃgha)'라는 불교승가 특유의 개념 속에서 효율적으로 기능하였다. 현전승가란 말 그대로 '지금, 여기에 성립하고 있는 승가' 즉 시간적으로도 공간적으로도 한정된 승가라는 의미이다. 승가가 하나의 단위로 효율적으로 기능하기 위해서는 그 범위가 제한되어야 한다. 동서남북으로 정해진 경계(sīmā) 안에 속한 비구들을 하나의 승가로 보고, 각 현전승가는 하나의 단위로 활동하면서 자치적으로 운영한다. 현전승가를 구성하는 인원은 최소 4명 이상인데, 모든 결정이 가능한 것은 20명 이상으로 구성된 현전승가이다.

승가(僧伽)란 무엇인가

출가공동체
수많은 현전승가 단위로 존재

⬇

현전승가(現前僧伽)

지금 여기에 성립하고 있는 승가

사방승가(四方僧伽)

모든 현전승가를 관통하는 개념

4명 이상이면 형성 가능하지만 모든
승가회의가 가능하기 위해서는
20명 이상으로 구성되어야 한다.

재가신도에게 받은
보시를 구성원이 똑같이
나누어 공유

항상 함께 모여,
함께 의논하고,
함께 결정한다.

현전승가

동서남북으로 일정한 표식을 정하여 형성

화합의 단위

마하빠리닙바나숫딴따
(Mahaparinibbana-suttanta)
디가 니까야 제16경. 붓다가 만년에
라자가하를 출발하여 입멸의
땅인 꾸시나가라에 도착하여 입멸
하기까지의 여정을 다룬 경. 만년에
남긴 주옥같은 가르침을 접할 수 있
으며, 후반부에서는 붓다 입멸 후 이
루어진 다비 및 사리8분 등의 이야
기도 전하고 있다.

화합승의 실현

불교승가는 '화합승(和合僧, samagga-saṃgha)'이라 불리듯이, 화합이야말로 승가의 가장 대표적인 특징이다. 승가의 화합을 깨는 행위는 5역죄 가운데 하나로 거론될 정도로 승가는 화합을 중시한다. 그렇다면 승가의 화합 상태는 어떻게 파악할 수 있는 것일까? 그것은 동일한 경계 안의 모든 구성원이 함께 갈마와 포살을 한다고 하는 '동일갈마, 동일포살'의 실행 여부에 달려 있다.

갈마(羯磨, kamma)란 일정한 작법을 통해 의견을 결정하는 법으로 말하자면 승가회의이다. 구족계 의식을 비롯하여 특별한 소임을 맡을 비구의 선출, 승가에서 발생한 쟁사(諍事)의 해결 등과 같은 크고 작은 모든 결정이 갈마로 진행되며, 승가의 중요한 정기 행사인 포살(布薩)이나 자자(自恣) 역시 모두 갈마법으로 이루어진다. 그런데 올바른 갈마의 실행에 있어 가장 중요한 것은 바로 동일한 현전승가에 속한 비구들의 전원 출석 하에 만장일치로 사안을 결정한다는 원칙이다. 이것이 잘 이루어지고 있을 때 그 승가는 화합승이라 불린다.

만약 병 등의 이유로 갈마를 하는 자리에 참석할 수 없을 경우에는 다른 비구를 통해 그 사실을 승가에 알려야 한다. 사안을 결정하는 갈마일 경우에는 갈마를 통해 내려진 결정에 대해 나중에 이의를 달지 않겠다는 뜻을, 만약 포살갈마일 경우에는 자신은 보름 동안 범계 사실이 없으며 청정하다는 것을 미리 전달해야 한다. 혹은 병자가 있는 곳으로 승가 전원이 이동하여 갈마를 하기도 했다.

이 정도로 승가는 동일한 현전승가에 속한 비구 전원의 참석, 그리고 그들에 의한 만장일치의 결과를 중시하였다. 갈마를 통해 내려진 결정은 승가 운영에 있어 최고의 권위를 지니므로, 갈마의 진행 절차에 문제가 있거나 구성원들의 전원 출석이 이루어지지 않은 상태에서 실행된 갈마는 합법적인 갈마가 아닌 비법(非法)갈마, 즉 율장에 규정된 방법에 따라 이루어지지 않은 잘못된 갈마이며, 비법갈마를 통해 내려진 결과 역시 무효가 된다.

승가=화합승(和合僧)

화합이란?

⬇

동일갈마(同一羯磨)

승가회의

▽

구족계, 포살, 자자, 소임자 선출, 재판 등

동일포살(同一布薩)

보름마다 한 번씩 바라제목차(계 조문)낭송

현전승가

동일포살이 제대로 이루어져 야만 진정한 화합승가지.

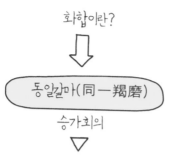

현전승가의 모든 구성원이 한자리에 모임

보름마다 한자리에 모여 함께 바라제목 차를 낭송하며 자타의 행동을 돌아보고 청정을 확인하는 것

경계 안의 모든 비구(니)들이 한자리에 모여 함께 논의하고, 만장일치로 결정하며 그 결정에 따라 함께 행동하는 것

⬇

동일갈마, 동일포살이 제대로 이루어질 때 그 승가는 '화합승'이라 불린다.

5역죄 다섯 가지 지극히 무거운 죄. 무간지옥에 떨어질 만큼 악한 행위이므로 5무간업(無間業)이라고도 한다. 아버지를 죽이는 것, 어머니를 죽이는 것, 아라한을 죽이는 것, 승가를 분열시키는 것, 부처님의 몸에서 피를 내는 것을 말한다.

5계(五戒)

재가불자가 지켜야 할 가장 기본적인 계는 불살생계(不殺生戒), 불투도계(不偸盜戒), 불사음계(不邪婬戒), 불망어계(不妄語戒), 불음주계(不飮酒戒)의 다섯 가지이다.

먼저 불살생계는 살생을 하지 말라는 계이다. 생명을 죽이지 않는 것은 물론이거니와, 근원적으로 살생을 멀리하는 것이다. 생명을 죽이는 것에 대한 부끄러움, 생명에 대한 애정, 그리고 고통 받는 자들에 대한 연민과 자비를 적극적으로 실천하는 것이 불살생계의 진정한 뜻이다.

불투도계는 남의 물건을 훔치지 말라는 계이다. 이미 누군가의 소유물일 경우에는 말할 것도 없거니와, 설사 특정한 누군가의 소유물이 아니더라도 자기가 받지 않은 것은 어떤 것이든 가져서는 안 된다.

불사음계는 성관계를 하지 말라는 계이다. 출가자(스님)일 경우 성생활이 일체금지되지만, 재가자(신도)의 경우에는 자신의 배우자 외에는 성관계를 해서는 안된다. 배우자가 아닌 사람과의 성관계는 윤리 도덕에도 어긋나는 일이며, 잘못된 성관계는 부부 사이에 막을 수 없는 틈을 만들고 결국 가정을 파괴하게 된다.

불망어계는 거짓말을 하지 말라는 계이다. 거짓말 외에도 이간질하는 말, 아첨하는 말, 흉보는 말, 깔보는 말, 거친 말, 헛된 말 등 진실하지 않은 모든 말을 해서는 안 된다. 진실한 말은 거짓이 담기지 않은 말, 사실에 근거한 말이면서도 상대방에게 이익이 되는 말을 의미한다.

불음주계는 술을 마시지 말라는 계이다. 출가자는 어떤 경우에도 음주가 용인되지 않는다. 술을 마시면 정신이 혼미해져서 수행에 방해가 될 뿐만 아니라, 승가의 상징인 청정성이 파괴되고, 이성(理性)을 상실하여 잘못을 저지를 수도 있기 때문이다. 그리고 재가자의 경우에도 그 자체가 죄가 되는 것은 아니지만 모든 죄의 원인이 될 수 있다. 즉 불음주계가 5계 속에 포함되는 이유는 술을 마심으로써 다른 죄를 짓게 될 가능성이 매우 높아지기 때문이다.

5계

불교도의 기본적 생활 지침

1. 불살생계: 살생을 하지 않고 살생을 멀리한다.
2. 불투도계: 자신에게 주어지지 않은 것을 함부로 취하지 않는다.
3. 불사음계: 삿된 성행위를 멀리하고 평소에 행복한 부부 관계를 형성한다.
4. 불망어계: 진실한 말만을 한다.
5. 불음주계: 음주를 버리고 멀리한다.

실죄(實罪) 차죄(遮罪) 살생·도둑질·사음·거짓말은 그 자체가 악행이자 죄이므로 실죄(實罪) 혹은 성죄(性罪)라 부른다. 한편, 음주는 그 자체가 죄가 되는 것은 아니지만 모든 죄의 원인이 될 수 있다는 점에서 차죄(遮罪)라고 한다. 즉, 다른 죄를 저지르는 것을 미연에 방지할 수 있다는 의미이다.

포살
— 화합과 청정의 상징 —

포살(布薩, uposatha)은 승가의 가장 중요한 행사 가운데 하나로, 보름마다 같은 구역 안에 거주하고 있는 비구들이 한 자리에 모여 보름 동안의 자기 자신과 다른 사람의 행위를 돌아보며 참회하는 모임이다.

원래 포살은 인도에서 실행되던 '우빠와사타(upavasatha)'라는 바라문교의 종교 행사에서 유래한다. 이는 신월(新月)과 만월(滿月)의 공양제 전날 철야를 일컫는 말로, 이때 일반인들 역시 몸을 청정히 하고 단식하며 금계(禁戒)를 지켰다. 불교 발생 당시 불교 이외의 다른 종교가들은 매달 8, 14, 15일마다 신자를 모으고 설법을 해서 교세를 확장해 갔다. 일반인의 입장에서 보면 종교가들의 가르침을 통해 심신을 정결히 할 수 있는 날이었고, 종교가들의 입장에서 보면 자신들의 법을 널리 알리는 아주 좋은 기회였던 것이다. 이를 본 마가다 국의 빔비사라 왕이 붓다에게 이 관습을 받아들일 것을 권유했다고 한다. 이렇게 해서 불교승가도 한 달에 세 번 즉 8일, 14일, 15일에 포살을 실행했다. 처음에는 주로 일반인들을 대상으로 불교의 가르침을 설하는 설법집회였으나 바라제목차(조문집)가 갖추어지게 되면서 포살은 보름에 한 번씩 바라제목차를 설하며 자기와 다른 사람의 행위를 드러내어 참회하는 포살갈마로 그 성격이 바뀌게 된다.

포살갈마는 승가 운영에 있어 다음 두 가지 상징적 의미를 지닌다는 점에서 그 어떤 승가 행사보다 중요하다. 첫째는 포살갈마에는 같은 구역 안에서 거주하고 있는 비구들이 전원 참석해야 하는데 이는 '승가의 화합'을 상징한다. 만약 병 등의 이유로 참석할 수 없을 경우에는 '여청정(與淸淨)'이라 하여, 다른 사람을 통해 자신이 보름 동안 범계 사실이 없음을 승가에 알려야 하며, 그 어떤 경우에도 사전에 알리지 않고 불참할 수 없다. 또 하나는 바라제목차를 낭송하며 자기 자신과 다른 사람의 잘못을 드러내고 참회함으로써 청정한 상태를 유지·회복하는 의식이라는 점에서 '승가의 청정'을 상징한다.

출가자의 포살(布薩)

참회의식: 보름(14 혹은 15, 29 혹은 30일)에 한 번씩 모여 참회

▽

바라제목차(波羅提木叉, pātimok-
kha) 구족계를 모아 놓은 조문집.
구족계의 숫자는 부파에 따라 차
이가 있는데, 법장부의 『사분율』
에 따르면 비구 250계, 비구니 348
계이다.

원래 포살은 설법회로 승가에 도입

⇩

그 후에는 조문, 즉 바라제목차를 낭송하는
포살갈마로 변화

전원 참석 원칙

승가의 화합과 청정을 상징하는 중요한 의식, 현전승가 단위로 실행

197

재가불자의 포살과 8재계

출가자의 포살이 보름마다 한 번씩 이루어졌던 것에 비해, 재가신자들의 포살은
한 달에 6회 즉 8, 14, 15, 23, 29, 30일로 이를 6재일(齋日)이라 부른다. 8 · 14 · 15
일을 재일로 중요시하던 고대 인도인들의 관습에 따라 불교교단의 재가신자들
도 보름에 3일은 가까운 사원에 가서 설법을 듣거나 명상을 하고, 또 출가자로부
터 8재계를 받아 지키며 청정한 하루를 보냈다.

　재일이 8, 14, 15일인 이유는, 제8일에는 사대왕(四大王)의 부하가, 14일에는 사
대왕의 왕자가, 15일에는 사대왕 자신이 세간을 순찰하며 일반인들이 '부모에게
효도하며, 사문 바라문을 존경하고, 재계(齋戒)를 잘 지키고 복업을 쌓고 있는가,
가난한 사람에게 보시하며 그들을 잘 보살피고 있는가' 등을 조사하여 33천(天)
에게 보고하기 때문이라고 한다.

　포살일 아침이 되면 재가신자는 목욕하고 깨끗한 옷으로 갈아입은 후, 근처
에 있는 승원을 찾아가 비구 앞에 무릎 꿇고 합장한 채 "오늘 하루 동안 저는 8
재계를 수지합니다. 즉 살생하지 않겠습니다. 도둑질하지 않겠습니다. 성행위를
하지 않겠습니다. 거짓말을 하지 않겠습니다. 술을 마시지 않겠습니다. 식사는
오전 중 한 번만 하겠습니다. 가무를 즐기거나 화장이나 장식품 등으로 몸을 꾸
미지 않겠습니다. 큰 침대나 높은 침대를 사용하지 않겠습니다"라고 맹세한다.

　8재계를 지키며 경건한 하루를 보낸 후 오후가 되면 포살일의 설법이 시작되
고 이를 들으며 평상시 궁금했던 이런저런 질문을 한다. 재가신자들은 원한다면
다음날 아침까지 승원에 머무르며 법을 들어도 좋다.

　8재계를 지킨 다음 날 아침에는 음식물을 가지고 승원에 와서 출가자에게 보
시하며 공덕을 쌓는다. 재가신자에게 있어 포살일은 보름에 3일 만이라도 출가
자와 유사한 생활을 하며 정진함으로써 심신을 닦고, 또한 이를 통해 공덕을 쌓
는 매우 의미 있는 날이었다.

재가불자(신자)의 포살

한 달에 8, 14, 15, 23, 29, 30의 6회
이것을 6재일(六齋日)이라고 한다.

신자들은 포살일에
가까운 승원에 가서 8재계를 지킬 것을 약속

8재계

1~5 5계와 같음. (다만 세 번째 계의 경우, 5계에서는 불사음계
라고 하여 배우자 이외의 사람과 성관계하는 것이 문제가 되지만,
8재계에서는 불비범행(不非梵行)이라고 하여 모든 성행위를 다
금지한다.)
6. 식사는 오전 중 한 번만 한다.
7. 가무를 즐기거나 화장이나 장식품 등으로 몸을 꾸미지 않는다.
8. 큰 침대나 높은 침대를 사용하지 않는다.

33천(天) 불교우주관에 나오는 상상의 산인 수미산 정상에 있는 천. 욕계(欲界)의 6천 가운데 두 번째 천이다. 중앙에 제석천이 있고, 산 정상의 사방에 각각 8명의 천인이 있기 때문에 도합 33천이다. 도리천(忉利天)이라고도 한다.

8재계 재가불자가 포살일에 지켜야 할 여덟 가지 계. 사미·사미니가 지켜야 할 10계 가운데, 꽃이나 향으로 장식하는 것으로부터 떠나라고 하는 제6계와 무용이나 음악, 노래 등을 보거나 듣는 것으로부터 떠나라고 하는 제7계를 하나로 합쳐 '불가무관청도식만향계(不歌舞觀聽塗飾鬘香戒)'로 제시하고, 또한 금은을 받는 것으로부터 떠나야 한다는 제10계를 제외하여 8계를 만들고 있다.

공덕과 생천

불교의 최종 목표는 깨달음을 이루는 것이지만, 불교도의 삶에 있어 공덕(功德, puñña)과 생천(生天) 관념은 매우 중요한 역할을 했다. 천계 역시 윤회의 한 과정에 있는 세계라는 점에서 인간계나 축생계와 다를 바 없다. 천계에 태어날 만한 공덕이 다하면 천인(天人)이라 할지라도 다른 존재로 윤회의 세계를 떠돌게 된다. 그렇기 때문에 천계는 불교의 최종 목표는 아니지만, 선업을 쌓은 사람이 사후에 선한 세계에 태어난다고 하는 인과론에 기반하여 선업은 당시 인도인들의 일반적인 정서에 부합하면서 공덕의 관념으로 대치되었다.

초기 불전에서는 붓다가 처음 불교를 접한 사람에게 "보시를 실천하고 계율을 지키면 하늘에 나게 된다"고 하는 시론(施論)·계론(戒論)·생천론(生天論)을 설한 후 고집멸도의 사제설 등 본격적인 불교 교리의 설법으로 들어가는 모습이 그려진다. 즉 인과의 도리를 인정하게 되었을 때 비로소 4성제나 인연법도 받아들일 수 있기 때문이다.

이 가르침을 통해 알 수 있듯이 생천을 위해 공덕을 쌓는 주된 방법은 보시와 지계이다. 보시는 가난한 사람이나 종교가 등에게 자비로운 마음으로 베푸는 것인데, 승원의 건립이나 수리, 부처님 말씀을 널리 전하는 법보시도 큰 공덕이 된다. 특히 깨달음을 얻은 성자에 대한 보시는 매우 큰 공덕을 쌓는 행위로 생각하였다. 승가를 복을 낳는 밭이라는 의미에서 '복전(福田)'이라 부르는 것도 이런 이유에서이다. 한편 계를 지키는 것도 공덕을 쌓는 방법이다. 다른 생명을 괴롭히거나 재물을 빼앗거나 거짓말을 하거나 간음을 하거나 술을 마시는 것과 같은 잘못된 생활을 하지 않는 것도 공덕이 된다.

이 외 3복업사(三福業事)라고 하여 시(施)·계(戒)·수(修)의 셋을 복을 낳는 3종의 행위로 헤아리기도 한다. 시와 계는 보시와 지계이며, 수는 선정을 말한다.

보시와 지계 공덕으로 천계에 태어나다

불교의 최종 목표는 깨달음

붓다 --→ 처음 불교를 접하는 사람에게
"보시를 실천하고 계율을 지키면 하늘에 나게 돼다."
시론(施論)·계론(戒論)·생천론(生天論)을 설함.

생천론을 설한 후 고집멸도의 4성제 등 본격적인
불교 교리에 대해 설함.
(인과의 도리를 알 때 비로소 4성제와 인연법을
받아들일 수 있기 때문임.)

생천(生天)을 위해 공덕을 쌓는 방법
 1. 보시: 가난한 사람이나 출가 수행자에게 자비로운
마음으로 베푸는 행위. 특히 깨달음을 얻은 수행자에
대한 보시를 소중히 여겨서 승가를 복을 낳는 밭이라는
의미에서 '복전(福田)'이라 부름.
 2. 지계: 살아 있는 생명을 괴롭히거나 다른 사람의
재물을 빼앗거나 거짓말을 하거나 음행을 하거나 술을
마시는 것과 같은 잘못된 생활을 하지 않고 계를 지켜
올바른 행동을 하는 것도 공덕을 쌓는 방법이라 여김.

복전(福田) 복밭이라는 의미. 밭에
좋은 씨앗을 뿌려 정성껏 가꾸면 곡
식을 거두어들이게 되는 것처럼, 수
행자에게 보시를 하면 그 공덕으로
많은 복덕을 얻을 수 있다는 뜻에서
사용하는 말이다.

안거(결제)

포살과 더불어 또 하나 중요한 행사는 안거(安居, vassa)이다. 안거는 비가 많이 내리는 우기(雨期) 3개월 동안 출가자들이 한 곳에 모여 머물면서 수행하는 것을 일컫는다. 우기는 만물이 소생하는 시기이므로 유행(遊行, 행각, 만행)을 계속하다 보면 새싹이나 벌레를 밟아 생명을 빼앗을 수도 있고, 토사 등으로 인해 신변에 위험이 닥칠 수도 있으므로 일정한 곳에 주거를 정해 공동생활을 했다. 이는 불교 발생 당시 인도의 대부분의 종교에서 실천하고 있던 관습으로 불교에서도 이를 도입해서 실행했다.

안거는 전(前)안거와 후(後)안거 두 가지로 나뉜다. 전안거는 아살히(āsāḷhī)달의 보름 다음날에 우안거를 시작하는 것으로 4월 16일부터 7월 15일까지이며, 후안거는 아살히달의 보름에서 한 달 뒤에 우안거를 시작하는 것으로 5월 16일부터 8월 15일까지이다. 이 기간 동안은 유행을 떠나서는 안 되며, 유행하는 자는 악작죄(惡作罪, 악을 짓는 죄)를 범하게 된다.

이 두 가지 안거 가운데 전안거를 권장했으며, 후안거는 미처 전안거를 보내지 못한 이들이 보냈다. 일단 안거를 시작하면 끝날 때까지 동일한 곳에서 하는 것이 원칙이다. 허가 없이 도중에 안거처를 이탈하거나 나가는 것은 허용하지 않았다. 따라서 안거 3개월 동안 함께 하는 인원은 거의 변동이 없었으며, 이들은 안거가 끝난 후 재가신자들이 보시한 옷감 등을 똑같이 분배 받았다.

안거는 비구들이 수행에 전념해야 할 시기이므로 안거를 시작할 무렵 같은 성향의 비구, 말하자면 경 읽기를 즐기는 송경(誦經)비구들은 송경비구들끼리, 율을 잘 지키며 배우고자 하는 지율(持律)비구들은 지율비구들끼리, 법을 잘 설하는 설법비구들은 설법비구들끼리 거처를 동일하게 배정하여 함께 논의할 수 있는 환경을 조성해 줌으로써 안거 기간 동안 편안하면서도 효과적으로 수행에 전념할 수 있도록 해 주었다.

안거의 실행

비가 많이 내리는 우기 3개월 동안 한 곳에 모여 머물며 수행하는 것.
여름 안거이므로 하안거(夏安居), 또는 우기의 안거라는 뜻에서 우안거(雨安居)라고도 함.
동안거(冬安居)는 중국에서 생긴 것

아살히(āsalhi) 달 인도력으로 제 4번째 달의 이름. 알사다월(頞沙茶月)·아사다월(阿沙陀月) 등으로 음역한다. 태음력으로 4월 16일부터 5월 15일에 해당한다.

유행(遊行) 여기저기 돌아다니며 수행하는 것을 뜻함. 비슷한 의미를 가진 용어로 행각(行脚)이 있다.

┌ 1. 전(前)안거: 4월 16일~7월 15일
안거
└ 2. 후(後)안거: 5월 16일~8월 15일

안거 기간 동안, 같은 성향의 비구들이 함께 모여 생활함.

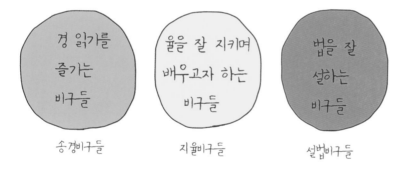

경 읽기를 즐기는 비구들

율을 잘 지키며 배우고자 하는 비구들

법을 잘 설하는 비구들

송경비구들   지율비구들   설법비구들

이들이 함께 논의하면서 효과적으로 수행할 수 있도록 함.

자자(自恣)
— 고백과 지적, 참회 —

자자(自恣, pavāraṇā)는 안거가 끝나는 마지막 날에 전원이 모여 3개월 동안 율을 위반하지 않았는지 서로 지적해 주며 반성하는 모임이다. 율장 대품 「자자건도(自恣犍度)」에 의하면, 꼬살라 국의 한 지방에 있는 어떤 승원에서 견해를 같이 하는 비구들이 함께 안거했는데, 말을 나누다 보면 불화가 발생할 수 있다는 생각에서 서로 참견하지 말고 침묵한 채 각자 맡은 일에만 충실하며 살자고 약속했다.

안거가 끝난 후 이 사실을 보고받은 붓다는 그들의 행동이 외도들이나 하는 벙어리 법을 지킨 것이라고 꾸짖으며, 안거를 끝마친 비구들은 안거 중에 본 것, 들은 것, 의심나는 것에 대해 자자를 실행하며 적극적으로 서로 잘못을 지적하고 참회하는 기회를 가지라고 제정했다고 한다.

자자는 5명 이상의 승가에서 거행할 수 있으며, 함께 안거를 보낸 비구들이 모여서 하게 된다. 사회자 자격의 비구가 앞에 나와 "지금부터 자자를 실행하겠다"고 선언하면, 법랍이 높은 비구부터 앞으로 나와 한쪽 어깨에 상의를 걸치고 무릎을 꿇고 합장한 채 이렇게 말한다.

"존자들이시여, 승가가 안거 중에 저에 관해 본 것, 들은 것, 의심한 것이 있다면 자자를 하겠습니다. 존자들은 동정심을 베풀어 저에게 말씀해 주십시오. 제가 알게 되면 참회하겠습니다" 이 말을 세 번 거듭한다.

이와 같은 방법으로 승가의 모든 비구가 법랍에 따라 차례로 한 명씩 나아가 자신의 행동에 관해 대중의 의견을 묻는다. 이를 듣고 있다가 무언가 떠오르는 것이 있으면 지적해 주는 것이다. 한편 자자를 실행하기 전에 자신의 범계 사실을 스스로 깨달았다면 그는 그 사실을 고백하고 참회한 후 자자를 행해야 하며, 만약 자자 도중에 범계 사실이 생각났다면 주위의 비구들에게 "저는 이런 범계를 저질렀습니다. 이 자리에서 일어나서 그 범계를 참회하겠습니다"라고 말한 후에 자자를 해야 한다.

고백, 지적, 참회

안거가 끝나는 마지막 날에 안거를 보낸 전원이 모여 서로 3개월 동안의 계율 위반 등 잘못을 고백하고 지적, 참회하는 의식.

이런 참회를 통하여 승가는 항상 깨어 있었다.

5명 이상의 승가라면 실행 가능

법랍(法臘) 구족계를 받고 비구·비구니가 된 후의 햇수를 말한다. 법세(法歲), 계랍(戒臘), 하랍(夏臘)이라고도 하는데, 일반적으로 매년 하안거를 마치고 법랍을 더한다.

법랍(승려가 된) 순서대로 앞으로 나아가 모인 대중에게 우안거 동안 자신에 대해 보고 듣고 의심했던 범계 사항이 있으면 지적해 달라고 한다.

다른 스님들은 생각나는 점이 있으면 지적해 준다.

지적을 받으면 참회, 반성한다.

화상제도와 아사리

새로운 출가자의 교육을 위해 승가는 화상(和尙, upajjhāya) 제도를 마련했다. 화상이란 재가자가 사미계나 구족계(具足戒)를 받고 승가에 입단할 때 이들의 스승이 되어 교육시키는 승려이다. 화상은 출가 희망자가 삼의일발(三衣一鉢)을 갖추고 제대로 된 수계 의식을 치를 수 있도록 모든 준비를 도맡아 해 주어야 한다. 사미에게는 사미 기간 내내 일상생활에서 지켜야 할 예의범절이나 교리, 수행 방법 등을 지도한다. 비구에게는 최저 5년 동안 이와 같은 지도를 해 주어야 하는데, 이것을 의지(依止, nissaya)라고 한다. 이 의지 기간 동안 화상은 제자와 함께 거주하며 제자의 모든 행동을 세심하게 지도해야 한다.

화상은 제자를 교육시키는 역할 외에, 제자가 병에 걸렸을 경우에는 간병인의 역할도 해야 한다. 제자 역시 화상에게 교육을 받는 대신, 아침부터 밤까지 의식주 전반에 걸쳐 화상의 모든 시중을 들어야 한다.

화상이 될 수 있는 자격 요건은 율에 따라 차이는 있지만, 법랍 10년 이상일 것, 높은 덕을 지녀야 할 것, 계율을 철저히 지켜야 할 것, 지혜를 갖추어야 할 것, 학문과 수행에 있어 최고의 단계를 획득해야 할 것, 제자를 잘 돌볼 수 있는 자일 것 등이다. 그런데 이 5년의 의지 기간 중에 화상이 환속하거나, 죽거나, 혹은 다른 종교로 개종하여 지도를 받을 수 없게 되는 경우가 있을 수 있다. 충분히 교육받지 못한 상태에서 지도자가 사라져 버렸으므로 제자의 입장에서는 상당히 곤란할 수밖에 없다. 따라서 이러한 경우에 대비하여 마련된 것이 아사리 제도이다.

아사리(阿闍梨, ācariya)란 화상의 교육을 받을 수 없게 된 비구를 화상을 대신하여 교육시키는 스승이다. 즉 교육 기간이 끝나기 전에 화상을 잃게 된 비구는 화상을 다시 정하는 것이 아니라, 아사리가 되어 줄 비구를 찾아야만 한다. 이것을 특히 '의지(依止)아사리'라고 부른다.

승가의 교육제도

1. 화상(和尙) 스승, 스승은 출가 희망자를 보살핌

출가희망자 ──────────────▶ 화상 선정

화상은 출가 희망자를 위해
삼의일발(三衣一鉢)과 수계식 등
일체를 준비

삼의일발(三衣一鉢) 세 가지 옷과 하나의 발우. 세 가지 옷이란 안타회(安陀會, antaravāsaka, 실내에서 생활할 때 착용하는 옷)와 울다라승(鬱多羅僧, uttarāsaṅga, 포살 등의 집회에 출석할 때 착용하는 옷), 승가리(僧伽梨, saṅghāṭī, 외출할 때 착용하는 옷)을 말한다. 발우란 탁발할 때 사용하는 그릇이다. 이 세 가지 옷과 발우는 출가자의 가장 기본적인 필수품이다.

수계식 후

신참 비구는 화상 밑에서 최저 5년 동안
수행자로서의 행동거지. 교리. 수행 방법 등에 관해 배운다

신참
비구 ═════════ 화상

父子관계

한번 맺어지면 영원히

2. 아사리

화상 밑에서 5년 동안 지도받는 기간에
화상이 환속하거나 죽거나 하여 지도를 못 받게 될 경우,
화상을 대신하여 교육을 맡게 되는 스승

의생활

의생활의 기본 원칙은 분소의(糞掃衣)와 삼의(三衣)이다. 분소의는 쓰레기장에 버려진 헌 옷이나 헝겊 조각을 이어 붙여 만든 옷, 혹은 시체를 싸서 묘지에 버린 옷감을 가져다 만든 옷을 말한다.

한편 삼의는 세 가지 옷을 가리키는데, 안타회와 울다라승, 그리고 승가리이다. 안타회란 하의 내지 내의로 주로 실내에서 생활할 때 입는 옷이며, 울다라승은 상의(上衣) 혹은 외의(外衣)라 하며 포살 등의 집회에 출석할 때 안타회 위에 입는 옷이다. 그리고 승가리는 대의(大衣) 혹은 중의(重衣)라고 하며 외출할 때 입는 옷이다. 이와 같이 분소의로 된 세 가지 옷이 비구의 의생활의 기본이었다.

하지만 재가신자들의 보시를 받아 거사의(居士衣), 즉 재가신자가 사용하는 새 옷감으로 법의를 만드는 것이 허용됨에 따라 분소의는 원칙으로서만 존재할 뿐 실제로는 거사의가 일반화되었다. 또한 삼의만을 소지해야 한다는 원칙에도 변화가 생겨 정시(淨施)라는 방법으로 삼의 외에 옷을 더 가지는 것을 인정했다. 정시란 옷이 찢어지거나 잃어버리는 경우에 대비하여 보시 받은 옷이나 옷감을 일시적으로 다른 사람에게 맡겨두는 것을 말한다.

이와 같이 원래 분소의와 삼의를 기본 원칙으로 했던 의생활은 점차 거사의의 허용 및 정시라는 편법을 통해 상당히 그 범위가 완화되어 갔는데, 그럼에도 불구하고 새로운 옷감을 얻었을 경우 반드시 화려하지 않은 색, 즉 청색이나 흑색, 모란색 등의 칙칙한 색으로 물들여야 하고, 옷감도 조각조각 내어 이른바 5조, 7조, 9조 등이라 불리는 삼의로 만들어 입어야 한다고 하여 사치스러움과 욕망을 경계하는 원칙은 늘 소중히 여겼다.

출가자의 의생활

1. 기본 원칙은 분소의(糞掃衣)와 삼의(三衣)

분소의

쓰레기장에 버려진 헌 옷이나
헝겊 조각을 이어 붙여 만든 옷

삼의

1. 안타회 : 하의, 실내에서 입는 옷,
   또는 작업 시에 입는 옷
2. 울다라승 : 예불 포살, 경전 강설 등
   에서 입는 옷, 상의 또는 외의라 함.
3. 승가리 : 외출할 때, 탁발할 때
   입는 옷, 대의 혹은 중의

정시(淨施, vikappana) 율에 의하
면 비구는 옷을 삼의밖에 가질 수 없
다. 그런데 삼의를 분실하거나 갑자
기 옷이 찢어질 경우 등도 있으므로,
이를 대비하여 여분으로 보시 받은
천을 정시로서 다른 사람에게 맡겨
둘 수 있다.

2. 그러나 곧 거사의(居士衣)와 삼의 외의 옷 소유도 인정

거사의(居士衣)

남자 재가 신도들이 사용하는
옷감 재료로 만든 옷,
비교적 품질이 좋은 편

삼의 외의 옷

정시(淨施)로 허용
삼의를 잃어버리거나 옷이 찢어지는
경우 등을 대비하여 옷감을 보시
받았을 때 이를 다른 사람에게
일시적으로 맡겨 두었다가 필요할 때
찾아 쓰는 방법

식생활

식생활은 오전에 한 번 걸식(乞食)으로 해결하는 것이 기본 원칙이었는데, 걸식 외에 청식(請食), 즉 재가자의 초대에 응하는 것도 일찍부터 허용되었다. 걸식이든 청식이든 중요한 것은 반드시 재가신자가 보시해 준 음식물로 생계를 해결한다는 원칙이다.

비구는 어떤 생산 활동도 해서는 안 되며, 재가신자에게 보시 받은 음식이 아니라면 설사 주인 없는 나무에서 떨어져 길에 뒹구는 과일 한 알도 입에 넣어서는 안 된다. 재가신자에게 받지 않고 입에 넣을 수 있는 것은 물과 이쑤시개뿐이었다. 한편, 받은 음식에 대해서는 그 양과 질에 상관없이 만족해야 하며 자신의 욕망을 채우기 위해 더 나은 음식을 요구하거나 찾아다녀서는 안 된다.

식사는 오전 중에 한 번만 했다. 정오에서 다음날 일출 때까지는 비시(非時, vikāla)라고 하여 그 어떤 종류의 음식물도 먹어서는 안 된다. 단지 목에 찌꺼기가 걸리지 않는 묽은 과일 주스를 마시는 것만은 허용했다.

비구가 오전 중에 먹는 음식물에 관해서는 특별한 제약이 없다. 밥, 죽, 보리 음식, 생선, 고기의 다섯 가지 정식을 비롯하여 과일이나 열매, 채소 등 다양하다. 다만 숙소, 생소, 기름, 꿀, 설탕, 생선, 고기, 우유, 요구르트처럼 영양가 높고 맛난 음식은 미식(美食)이라 하여, 병에 걸린 상태가 아닌 경우는 절제할 것을 당부했다.

식량을 얻기 위한 생산 활동의 전면적인 금지와 더불어 음식의 저장이나 조리 등도 엄격하게 금지되었다. 그 날 받아온 음식은 반드시 그 날 오전 중에 모두 먹어야 하며, 저장해 두었다가 먹어서는 안 된다. 음식물을 사원 안에 보관·저장해서도 안 되고, 음식을 정사 안에서 조리하는 것도, 비구 스스로 조리하여 먹는 것도 모두 금지되었다. 이는 불필요한 음식물을 소유하거나 조리함으로 인해 발생하는 여러 가지 번뇌를 막기 위함이었을 것이다.

출가자의 식생활

기본원칙은 걸식(乞食)과 오후불식(午後不食)

걸식
음식은 가릴 수 없음
밥, 죽, 보리음식, 고기,
생선, 과일 모두 OK

오후불식
하루 식사는 오전 중 1회로 끝
(묽은 과일 주스만 허용)

걸식(乞食, pindapata) 음식물이 발우 안에 떨어진다는 것이 원어의 의미로, 승려가 오전 중에 마을로 들어가 재가자가 보시해 주는 음식을 발우에 받는 것을 말한다. 탁발(托鉢)이라고도 한다.

그러나

청식(請食)도 허용
재가신자의 초대에 응하는 것

중요한 원칙

출가자는 어떠한 생산활동에도 종사해서는 안 되며, 생계는 반드시 재가신자가 보시해 준 음식물로만 해결해야 한다. 받지 않은 것은 나무에서 떨어진 과일도 안 됨. 받지 않고 입에 넣을 수 있는 것은 물과 이쑤시개뿐!
음식의 저장 NO
음식의 조리 NO

주거 생활

주거 생활은 수하좌(樹下坐, 나무 아래에서 생활)가 원칙으로, 비구들은 원래 임야나 나무 밑, 산 속, 동굴, 계곡, 무덤, 산림, 노지, 짚더미 등에서 생활했다.

그러나 왕사성에 사는 한 부호의 청으로 붓다는 다섯 가지의 레나(leṇa), 즉 주거지를 허용했고 점차 건물 안에서의 공동생활이 일반화되었다. 레나는 위하라(vihāra, 精舍. 즉 사원), 앗다요가(aḍḍhayoga, 평루옥), 빠사다(pāsāda, 전루), 함미야(hammiya, 누방), 구하(guhā, 굴원) 등 크게 다섯 가지로 분류할 수 있다.

붓다의 허락이 떨어지자 이 장자(부호)는 하루에 60개의 위하라를 지어 승가에 보시했는데, 이로 보아 초기의 위하라는 매우 간소한 형태의 주거 공간이었음을 알 수 있다. 그러나 점차 규모가 커지고 설비와 외관 등이 정비된 레나가 등장하였다. 앗다요가는 지붕을 한쪽으로 경사지게 하거나 정자 모양으로 지어진 건물로 겉모습이 날개를 편 새처럼 보이는 건물이다. 빠사다는 높은 기둥이나 테라스를 갖춘 고급 누각이고, 구하는 바위를 깊게 판 동굴을 말한다. 이들 레나 안에는 비구의 개인 방을 비롯하여, 식사나 집회 등에 사용하는 강당, 음료수를 보관하는 방, 불씨를 보관하는 방 등의 다양한 시설이 있었다. 위하라는 마을에서 멀지도 가깝지도 않은 곳, 다시 말해 걸식하기는 편하지만 마을의 소음은 들리지 않는 적당한 곳에 세우는 것이 이상적이었다.

한편 침구류와 방석 등의 좌구(坐具)는 사치스럽고 값비싼 것은 사용하지 못하도록 규정했다. 재가신자들에게 부담을 주고 욕망을 부추기기 때문이다. 또한 침대나 의자를 새로 만들 때는 다리를 너무 높게 해서는 안 된다고 하였다. 비구들이 높은 지위에 오른 듯한 교만한 마음을 일으키게 될 것을 미리 경계한 것이다. 또한 좌구를 만들 때는 규정 이상의 크기로 만들어서는 안 되며, 새로운 좌구를 얻었을 경우에 오래된 좌구의 천을 일부 떼어내어 붙여서 만들게 하였는데, 이렇게 함으로써 새로운 좌구에 대한 집착을 버리게 한 것이다.

출가자의 주거 생활

기본원칙은 수하좌(樹下坐)

임야나 나무 밑, 산속, 동굴, 계곡, 무덤
산림, 노지, 짚더미 등에서 생활

불첩좌구계(不貼坐具戒) 사타법 제
15조. 새로운 좌구나 와구를 만들
때는 헌 와구의 테두리로부터 1불
걸수(佛搩手)만큼의 천을 떼어내
어서 덧붙여야 한다. 이는 괴색(壞
色, dubbaṇṇa-karaṇa), 즉 새로운
좌구나 와구를 일부러 더럽힘으로
써 새로운 것이나 아름다운 것에 집
착하는 인간의 욕망을 다스리기 위
해서이다.

5종의 레나(leṇa) 허용

1. 위하라(vihāra, 정사)

2. 앗다요가(aḍḍhayoga, 평루옥)

3. 빠사다(pāsāda, 전루)

4. 함미야(hammiya, 누방)

5. 구하(guhā, 굴원)

정법(淨法)의 활용과 발달

왕사성 결집에서 마하깟사빠(Mahākassapa, 대가섭)가 선언한 '불제불개변(佛制不改變: 붓다가 제정한 율은 바꾸지도 폐지하지도 않는다)의 원칙'에 따라 이후 기존의 율 조항을 바꾸거나 새롭게 추가하는 일은 불가능해졌다.

하지만 율은 의식주 전반에 걸쳐 일상생활과 밀접한 관련을 지니고 있기 때문에 시대적 변화의 영향을 받을 수밖에 없었다. 전통불교의 비구들은 이러한 이중적 상황을 '정법(淨法, kappa)'이라는 방법을 통해 해결해 갔다. 정법이란 죄가 되는 행동을 어떤 특수한 조작을 행하여 죄가 되지 않도록 하는 것을 가리킨다. 말하자면 율장의 조문은 그대로 둔 채 약간 다르게 적용하여 합법적으로 만드는 것을 통해 그 적용 범위를 다소 넓힌 것으로, 일종의 편법이다.

예를 들어, 율 조문에 의하면 비구는 땅을 파거나 초목을 해쳐서는 안 된다. 하지만 승원의 건립이나 수리 등을 위해 어쩔 수 없는 경우도 있다. 이럴 때 직접 행동하는 것은 물론이거니와, "이 나무를 잘라 주시오", 혹은 "땅을 파시오"라고 말하는 것도 율을 어기는 것이 된다. 따라서 정인이라 불리는 자에게 "이것을 아시오, 이것을 주시오, 이것을 옮기시오, 이것을 원하오, 이것을 정(淨)한 것으로 하시오"라고 하는 간접적인 표현을 사용하여 자신이 원하는 바를 전달하고 실행하게 한다. 이때 사용하는 "이것을 아시오" 등의 말을 정어(淨語)라고 한다.

정법은 불멸 후 더욱 더 활발하게 사용되어 의식주 전반에 걸쳐 큰 영향을 미쳤다. 정법은 불멸 후 다양한 형태로 발전하면서 수행자의 율 수지에 큰 역할을 했는데, 동시에 많은 논쟁도 불러일으켰다. 정법은 일종의 편법이었기 때문이다. 하지만 율의 조문을 바꾸기 어려운 현실에서 율을 지킬 수 있는 최선의 방법을 택한 것이라고 볼 수 있다.

정법(淨法)의 발달

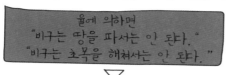

율 조문의 적용 범위를 넓히려는 일종의 편법

> 율에 의하면
> "비구는 땅을 파서는 안 된다."
> "비구는 초목을 해쳐서는 안 된다."

▽

하지만 승원을 새롭게 건립하거나 수리해야 하는 등
불가피한 경우에는 어찌 하오리까?

정인(淨人) 비구나 비구니가 구족
계를 어기지 않도록 보조 역할을 하
는 인력. 구족계로부터 자유로운 사
미나 재가신자 등이 정인의 역할을
했던 것으로 보인다.

이 나무를
잘라 주시오!
땅을 파시오.

No!

이것을 아시오.
이것을 원하오.
이것을 정(淨)한 것
으로 하시오.

정인

Ok! Ok!

간접적인 표현으로 자신의 생각을 상대방, 즉 정인에게 전달하여 실행시킴.

출가 스님과 재가신자의 관계

— 상호 존중 —

불교교단은 출가자(스님)와 재가자(신자)의 상호 보완적인 이중 구조로 운영되었다. 출가스님과 재가신자의 상호 존중은 교단의 발전과 화합을 위해 매우 중요한 요소이다. 그런데 양자 간에 물질적인 손해를 입히거나, 불행에 빠지게 하거나, 살 곳을 얻지 못하게 하거나, 매도하고 비방하고 이간질하거나, 상대방에게 무례를 범하고 잘못을 저질렀을 경우 해결 방법이 있다. 율장에 재가신자가 스님에게 해를 입혔을 경우에는 복발갈마(覆鉢羯磨), 스님이 재가신자에게 해를 입혔을 경우에는 하의갈마(下意羯磨)로 해결하라고 한다.

복발갈마란 말 그대로 발우를 엎어버릴 것을 결정하는 승가회의법이다. 재가신자가 스님에게 무례를 범하거나 잘못을 저질렀을 경우, 스님이 그 재가신자를 대상으로 발우를 엎어버림으로써 승가 측의 의지를 보여줄 것을 결의하는 갈마이다. 발우는 스님들이 공양 때 사용하는 그릇인 동시에 신자들이 스님들에게 음식을 보시하는 그릇이다. 즉 신자들로 하여금 공덕을 쌓게 해 주는 그릇인데, 발우를 엎어버린다는 것은 더 이상 그 신자로부터 보시를 받지 않겠다는 표시이자, 결과적으로는 그에게 공덕을 쌓을 기회를 주지 않는 행동이 된다.

보통 비구나 비구니에게 실행되는 갈마는 반드시 당사자가 출석해야 하지만, 복발갈마는 그 대상이 재가자이므로 당사자의 출석을 요구하지 않은 채 승가의 구성원(스님들)만이 모여 실행한다. 갈마를 통해 결정이 나면, 승가는 문제의 재가신자에게 사람을 보내 "아무개여, 승가는 당신에 대해 발우를 엎기로 했습니다. 당신과 승가는 이제 더 이상 서로 왕래하지 않기로 했습니다"라며 승가의 결정을 전하도록 한다. 하의갈마는 이와 반대로 스님이 재가신자에게 폐를 끼친 경우에 행하는 갈마이다. 이 경우 승가는 출가자로 하여금 그 재가신자를 찾아가 자신의 잘못을 사과하고 참회할 것을 결정한다. 하의갈마를 통해 사과할 것이 결정되면, 그 스님은 재가신자를 찾아가서 참회하며 용서를 빌어야 한다.

출가 스님과 재가신자의 관계

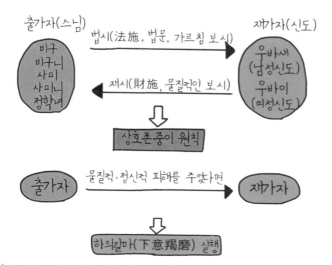

갈마(羯磨, kamma) 승가의 회의 내지 회의법. 대소사를 불문하고 승가의 안건은 모두 갈마를 거쳐 결론을 내야 한다. 갈마에는 현전승가의 구성원이 모두 출석해서 이들의 만장일치로 결론을 낸다.

출가자는 재가자를 찾아가 자신의 잘못을 사과하고 참회해야 한다.

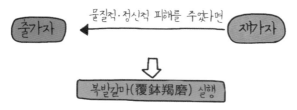

재가신도를 향해 발우를 엎어 버린다.

(어떤 보시도 받지 않겠다는 의지의 표현, 이로 인해 그 재가자는 공덕을 쌓지 못하게 된다.)

화합 포살
— 재화합을 위한 의식 —

포살은 보름마다 한 번씩 실행하여야 하며, 그 외의 날에는 절대 해서는 안 된다. 단, 예외가 있으니 바로 화합포살(和合布薩, sāmaggi-uposatha)이다.

율장 대품 「꼬삼비건도」에 의하면, 꼬삼비 지역의 한 승원에서 비구들 사이에 다툼이 발생했다. 한 비구의 행동을 둘러싸고 옳고 그름에 대한 의견이 나뉘었던 것이다. 시작은 사소했지만 점차 사태가 심각해져서 붓다의 중재조차 효력을 발휘하지 못할 지경에 이르렀고 승가는 분열했다. 이들은 경계를 따로 하여 포살 등의 갈마를 실행했지만, 만날 때마다 다투었다. 중재에 지친 붓다는 결국 그 지역을 떠나 버렸고 이에 격분한 재가신자들은 그 비구들에 대한 모든 보시를 중지해 버렸다.

그러던 어느 날 문제의 비구는 경과 율을 살펴본 후 자신의 죄를 인정하였다. 그리하여 이 사실을 자신의 편을 들어주던 비구들에게 알렸고, 이 비구들은 상대편 비구들에게 지금까지의 싸움을 진정시키고 다시 '승가 화합을 이룰 것'을 제안한다. 이 일을 전해들은 붓다가 화합하는 방법으로 설한 것이 바로 화합포살이다. 화합포살이란 분열했던 승가가 다시 원래의 화합 상태를 회복하기 위해 실행하는 특수한 포살로, 보름마다 한 번씩 실행되는 포살과는 달리 '승가의 화합'이 목적이라면 시기에 상관없이 언제라도 할 수 있다.

화합포살을 하기 위해서는 한 명도 예외 없이 모두 한 자리에 모여야 한다. 그러고 나서 총명하고 유능한 비구가 나와 사건 양측 비구의 경과를 보고하며 승가 화합을 이루자는 내용의 제안을 한다. 이에 대한 찬반 여부를 모인 비구들에게 한번 물어서 반대 의견이 없으면 승가 화합을 인정하는 갈마가 성립하게 된다. 그리고 갈마가 끝난 후에는 화합의 표시로 즉시 포살의식을 하고 바라제목차(조문집)를 읊어야 한다. 화합포살은 분열했던 승가의 재화합을 승인하고 상징하는 의식으로서 교단 운영상 매우 중요한 역할을 했다.

포살의 다양한 역할

일반 포살

보름마다 한 번씩 정기적으로 실행

화합포살

분열했던 승가가 다시 원래의 화합 상태를 회복하고자 할 경우에는 언제라도 실행 가능

A ←대립→ B

↑

꼬삼비의 한 승원

붓다의 중재 시도

실패

그러나 중재 실패 후
붓다가 다른 지방으로 가버리자
꼬삼비의 재가 신자들은 격분하여
그 비구들에 대하여 모든 보시를 중지.

'일체 보시 중지'라는 초강수를 쓰자 그 비구들은 자신들의 잘못을 깨닫고
다시 화합하기를 원했다.

⬇

화합하는 방법은 화합포살
모두 한자리에 모여 화합포살 실시

꼬삼비건도 (Kosambikkhand-haka) 빨리율 대품(Mahāvagga)의 열 번째 건도. 데와닷따의 파승 사건을 전하는 소품「파승건도」와 더불어 붓다 재세 당시의 승가 분열 사건을 전하는 대표적인 건도로 거론된다. 데와닷따의 파승이 붓다를 상대로 한 비구의 파승이라면,『꼬삼비건도』에 전해지는 파승은 비구들 간의 파승이다. 승가의 분열 및 재화합 등을 주제로 한다.

다인어(多人語)
— 승가의 다수결 —

승가는 '화합'을 이상으로 하는 출가공동체이다. 붓다는 '마치 우유와 물이 섞이 듯'이라는 비유로써 승가 구성원들의 화합을 강조하였다. 하지만 다양한 사람들 이 모여 생활하는 공동체인 만큼 의견 차이로 인한 대립은 피할 수 없었다. 분쟁 이 발생할 경우, 일차적으로 분쟁 당사자 및 그들이 속한 승가의 전원이 모여 붓 다의 법과 율을 근거로 여법(如法, 합당한 것)과 비법을 가린다. 만약 분쟁 당사자 들이 판결에 승복하지 않는다면 더욱 많은 수의 장로(원로)비구들이 모여 있는 다른 승가에 멸쟁(滅諍), 즉 다툼을 가라앉혀 줄 것을 의뢰한다.

그런데 만약 그 결과에도 승복하지 않는다면 다시 교리·계율 즉 학문적으로 나 실천면에서나 훌륭하다고 평판이 난 장로비구들에게 멸쟁을 의뢰한다. 이를 단사인(斷事人)제도라고 한다. 하지만 만약 이들이 내린 결론에도 승복하지 않는 다면 마지막으로 실행되는 것이 바로 다인어(多人語, yebhuyyasikā)이다. 다인어는 현대의 다수결처럼 투표를 통해 다수의 의견을 채택하는 방법이다. 하지만 다 수는 다수이되 반드시 여법(如法, 합당)한 다수의 의견이어야 한다. 그 외의 결과 는 용납되지 않는다.

다인어의 실행 목적은 이미 몇 번에 걸친 판정에도 불구하고 그 결과를 받아들 이지 못하는 비구들을 '납득시키기 위해' 실행하는 것으로, 결코 새로운 판결을 내리고자 하는 것은 아니다. 다시 말해 투표가 실행되기 전에 이미 여법과 비법 의 판결은 주어져 있으며, 투표관리자로 뽑힌 행주인은 '여법설자(如法說者)', 즉 붓다의 법과 율에 근거하여 올바른 견해를 설하는 자의 의견이 다수를 차지함으 로써 쟁사가 마무리되도록 이끌어 갈 의무를 지닌다. 다툼을 가라앉히고 화합을 되찾기 위한 승가의 고유한 멸쟁법(滅諍法)인 다인어를 통해 승가 안에서 발생하 는 쟁사는 오로지 학식 있고 덕망 있는 비구들이 붓다의 법과 율에 근거해서 내 린 판단에 따라 해결해야 한다는 점을 알 수 있다.

다수결의 원칙

붓다의 법과 율을
둘러싼 의견 대립

 언쟁(言諍) 발생

먼저 문제가 발생한 승가의
모든 구성원이 모여
멸쟁(滅諍, 다툼 중지) 시도
실패하면 다음 단계

멸쟁(滅諍, adhikarana-samatha)
붓다의 가르침에 대한 해석의 차이
나 범계 행위에 대한 판단 등을 둘러
싸고 비구들 간에 의견 다툼이나 분
쟁이 발생하였을 때 이를 가라앉히
는 것을 말한다.

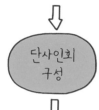 근처의 다른 사원에 사는 비구들에게 멸쟁 의뢰

여기서도 실패하면

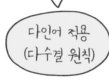 단사인회 구성

훌륭한 장로비구들을
선발하여 다시 멸쟁 의뢰
이도 실패하면

 다인어 적용 (다수결 원칙)

행주인(사회자, 투표 관리자)의
지휘 아래 투표 실행
"여법한 다수의 견해에 근거하여
화합 승가를 실현하는 것이 목적"

투표 실시

여초부지(如草覆地)
― 모든 것을 덮어둠 ―

일곱 가지의 멸쟁법(滅諍法) 가운데 하나이자 바라제목차 조문의 마지막을 장식하는 것이 바로 여초부지(如草覆地)이다.

여초부지란 승가의 기능이 마비될 정도로 출가자들이 심하게 대립할 경우 사용하는 멸쟁법으로, 두 파로 나뉜 비구가 마치 바람에 풀이 옆으로 쓰러져 땅 위를 덮듯이 화해하고 참회하며 모든 것을 불문에 붙이기로 하는 것이다.

출가자가 악행을 저질렀을 경우 보통 본인의 참회나 승가의 갈마를 통해 사태가 마무리되는데, 본인의 참회도 없고 또 그 행동에 대한 시비도 엇갈려 갈마가 제대로 진행되지 않을 경우, 그대로 두었다가는 승가가 해체되는 최악의 상황이 발생할 수도 있다고 우려될 때 사태를 수습하기 위해 사용하는 멸쟁법이다. 즉 승가가 적극적으로 조정을 시도하고 그것을 양쪽 비구들이 받아들이는 것이다.

여초부지는 쟁론하는 양쪽 비구들이 모두 한 곳에 모인 뒤에, 한쪽 파의 비구 중에서 총명 유능한 비구가 나와 현재의 심각한 상황을 고하며, 자신을 비롯한 승가의 모든 구성원들의 이익을 위하여 모든 죄를 덮어버리고 이 쟁사를 여초부지에 의해 해결할 것을 제안한다. 다른 파의 비구도 마찬가지이다. 그리고 모인 전원에게 찬반 여부를 한 번 확인한 후 단 한 명의 이의도 없이 받아들여지면 여초부지에 의해 쟁사는 해결된 것으로 본다.

이 때 중요한 것은 바라이죄나 승잔죄와 같은 중죄나 재가자와 관련된 죄는 여초부지의 대상이 될 수 없다는 점이다. 바라이죄나 승잔죄는 매우 중대한 죄로 그에 상당하는 벌이 있으므로 이와 같은 방법으로 덮어버릴 수 없으며, 재가자와 관련된 사안은 재가자가 비구의 참회를 인정하고 용서하지 않는 한 죄를 씻고 청정비구로 돌아올 수 없으므로 이 양자는 제외하는 것이다. 이 두 가지를 제외한 모든 죄 내지 그와 관련된 어떤 쟁사도 승가의 화합을 위협할 만큼 중요한 의미를 지니지 않음을 보여준다.

모든 것을 덮어 두자

승가의 다수결 원칙도 불통할 경우 마지막으로 쓰는 방법

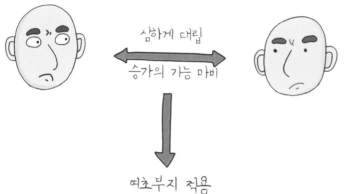

심하게 대립

승가의 기능 마비

떠초부지 적용
모든 것을 불문에 붙이고 화해

칠멸쟁법
(satta adhikaranasamatha
dhamma) 승가에서 발생하는 쟁사
를 해결하는 7가지 방법을 일컫는
다. 쟁사의 내용에 따라 적용하는 멸
쟁 방법에도 차이가 난다. 승가에서
쟁사가 발생했을 때 이를 가라앉히
는 것은 모든 구성원의 의무이므로
칠멸쟁법은 바라제목차에도 포함되
어 있는데, 구체적인 내용은 율장 소
품 『멸쟁건도』에서 다룬다.

승가 화합 실현

단, 바라이죄나 승잔죄, 재가자와 관련된 죄는
떠초부지의 대상이 될 수 없다.

도표로 읽는 불교입문

초판 발행	2016년 7월 20일
6쇄 발행	2025년 2월 28일

지은이	이자랑 · 이필원
그린이	배종훈

펴낸이	윤재승
펴낸곳	민족사
주간	사기순
표지디자인	홍시 송민기
본문디자인	남미영
기획편집	사기순, 정영주
기획홍보	윤효진
영업관리	김세정

출판등록	1980년 5월 9일 제1-149호
주소	서울 종로구 삼봉로 81 두산위브파빌리온 1131호
전화	02.732.2403, 2404
팩스	02.739.7565
웹페이지	www.minjoksa.org, www.facebook.com/minjoksa
이메일	minjoksabook@naver.com

ⓒ 이자랑 · 이필원 · 배종훈 2016
ISBN 978-89-98742-65-2   03220